Sara Porto

Mistérios da Escolha Divina
Prosperidade e Fé no Judaísmo

Título original: Mistérios da Escolha Divina
Copyright © 2023 por Sara Porto
Todos os direitos reservados a Booklas.com
Este livro destina-se ao desenvolvimento pessoal e espiritual. As informações e práticas descritas aqui são baseadas em estudos, conhecimentos tradicionais e experiências de autores e especialistas nesta área. Este conteúdo não substitui o aconselhamento médico nem terapias convencionais, servindo apenas como recurso complementar para o bem-estar e o crescimento pessoal.

Editor
Luiz Antonio dos Santos
Revisão de Texto
Gabriel Monteiro
Beatriz Cardoso
João Pereira
Design Gráfico e Diagramação
Clara Martins
Capa
Studio Booklas/ Lucas Nogueira

Mistérios da Escolha Divina/ Sara Porto
Booklas, 2024.
Judaísmo. 2. Estudos religiosos. 3. Textos bíblicos.
I. Monteiro, Gabriel. II. Título.
09-4267
DDC 296
UDC 27-1

Todos os direitos reservados por
Editora Booklas
Rua José Delalíbera, 962
86.183-550 – Cambé – PR
Email: soporte@booklas.com
www.booklas.com

Sumário

Prólogo 5
Capítulo 1 Judaísmo 7
Capítulo 2 A Aliança Divina 11
Capítulo 3 O Primeiro Escolhido 15
Capítulo 4 Herança Espiritual 19
Capítulo 5 Moisés e a Lei de Deus 23
Capítulo 6 A Torá e o Compromisso Moral 27
Capítulo 7 O Escolhido 31
Capítulo 8 Responsabilidades e Deveres do Povo Judeu 35
Capítulo 9 A Identidade Judaica 39
Capítulo 10 O Papel da Fé e da Prática 43
Capítulo 11 A Importância da Comunidade 47
Capítulo 12 Estudo e Conhecimento Espiritual 51
Capítulo 13 A Sabedoria Judaica 55
Capítulo 14 Tradições e Costumes 59
Capítulo 15 O Sábado como Aliança 63
Capítulo 16 Festividades Judaicas 67
Capítulo 17 A Ética do Trabalho 71
Capítulo 18 Prosperidade e Propósito 75
Capítulo 19 A Questão da Generosidade 79
Capítulo 20 O Valor da Educação 83
Capítulo 21 Família e Transmissão de Valores 88
Capítulo 22 Resiliência e Supcração 92
Capítulo 23 Leis de Pureza e Espiritualidade 96

Capítulo 24 Fé em Tempos de Adversidade 100
Capítulo 25 O Papel da Oração 104
Capítulo 26 Estabelecendo Alvos Espirituais 108
Capítulo 27 Conversão pela Fé 112
Capítulo 28 Conversão: Ritos e Compromissos 116
Capítulo 29 Rituais de Iniciação 120
Capítulo 30 Aceitação da Torá 124
Capítulo 31 Desenvolvendo a Identidade Judaica 128
Capítulo 32 Comunidade e Suporte para Conversos 132
Capítulo 33 Solidariedade e Fraternidade 137
Capítulo 34 Estudo Contínuo 141
Capítulo 35 Práticas Cotidianas 146
Capítulo 36 Ética na Vida Profissional 151
Capítulo 37 Sabedoria e Conselho 156
Capítulo 38 Altruísmo e Prosperidade 161
Capítulo 39 Conflitos e Fé 165
Capítulo 40 Oração e Propósito 169
Capítulo 41 Cumprimento da Aliança 173
Capítulo 42 A Riqueza Espiritual 177
Capítulo 43 A Sabedoria Divina 181
Capítulo 44 Equilíbrio entre Riqueza e Humildade 185
Capítulo 45 Evolução na Fé 189
Capítulo 46 Prosperidade e Fé 193
Capítulo 47 Afinal, o Propósito Divino 197
Capítulo 48 Jornada do Judaísmo 201
Epílogo 209

Prólogo

Há algo neste livro que ultrapassa as palavras, uma essência que ecoa desde o princípio dos tempos, conectando você às mais profundas verdades da existência. O que você segura em suas mãos não é apenas um conjunto de ideias ou narrativas, mas um convite para atravessar um limiar invisível, onde o humano e o divino se encontram em um abraço eterno.

Tudo o que você já buscou, nas noites de dúvidas ou nos momentos de êxtase, repousa aqui. Não como respostas prontas, mas como chaves para abrir portas que talvez você ainda nem saiba que existem. Este livro foi feito para você — não por acaso, mas por uma conspiração sagrada que conduz as almas aonde elas mais precisam estar. E hoje, ele está aqui, ao seu alcance.

Dentro destas páginas, pulsa um mistério que transcende os séculos, preservado pela coragem de um povo e pelo chamado de algo maior. É um mistério que não apenas informa, mas transforma. Cada capítulo é um espelho que reflete não apenas uma história coletiva, mas o potencial que reside em você de se reconectar com algo que há muito tempo parece distante: a sua essência, a sua missão.

O judaísmo, que este livro explora com profundidade e reverência, é mais do que uma fé; é uma jornada. É um caminho que começa com Abraão, um homem que ousou ouvir o inaudível, e se estende até cada ato cotidiano que santifica o mundo ao nosso redor. Mas não se engane: isto não é apenas sobre história ou religião. Este é um convite para que você se pergunte — e descubra — o que significa ser escolhido. Escolhido não para um privilégio, mas para um propósito.

Você sente, mesmo que apenas vagamente, que há algo mais? Um pulsar constante de que há conexões invisíveis entre você e o infinito? Este livro não promete respostas fáceis, mas oferece algo mais valioso: um caminho para que você mesmo as encontre. A cada página, você será guiado a revisitar a noção de aliança, responsabilidade e identidade — não como conceitos abstratos, mas como chaves para o significado que você sempre buscou.

Aqui, você encontrará não apenas histórias, mas mapas para uma vida de propósito. A Torá, descrita como um guia para a santidade, transcende as fronteiras da fé judaica e ilumina o valor universal da justiça, da compaixão e da busca pela verdade. E ainda mais, ela desafia você, leitor, a reconhecer a centelha divina que o conecta a tudo o que existe.

E então, o que você fará? Ignorará o chamado ou permitirá que estas páginas despertem algo em você? A decisão de abrir este livro não é apenas uma escolha casual. É um encontro marcado com aquilo que, talvez, você ainda não soubesse que estava procurando.

O portal está aberto. Atravesse.

Capítulo 1
Judaísmo

O judaísmo é, antes de tudo, uma profunda jornada espiritual e cultural. Suas raízes antigas se entrelaçam com o surgimento das primeiras civilizações e formam um elo indissolúvel com as grandes transformações da humanidade. Não se trata apenas de um conjunto de práticas ou rituais, mas sim de uma cosmovisão que sustenta e orienta a vida de seus seguidores através de preceitos que desafiam as limitações do tempo. Desde os dias da Torá até os tempos modernos, o judaísmo preserva uma conexão íntima entre o ser humano e o divino, marcada pela busca constante de entendimento e propósito.

O núcleo do judaísmo repousa sobre um princípio singular e poderoso: a crença em um Deus único, transcendente e, ainda assim, profundamente próximo e acessível. Este conceito radical de monoteísmo revolucionou a época em que surgiu, em uma sociedade dominada por diversos cultos politeístas e ritos tribais. A ideia de um Deus único, que não podia ser visto ou representado por imagens, mas que estava presente em todos os aspectos da vida e na totalidade da criação, trouxe um novo sentido de moralidade e responsabilidade para o homem. Essa noção transformou-se em uma aliança, um pacto espiritual entre Deus e o povo judeu, que se tornaria um dos pilares centrais da fé judaica.

Dentro desse contexto de aliança, a relação entre Deus e o povo judeu não se define apenas por regras e obrigações, mas também por uma promessa de cuidado e presença constante. Desde o chamado de Abraão, o primeiro patriarca, até a revelação da Torá a Moisés, o judaísmo constrói uma linha de continuidade espiritual que ressoa até hoje. Abraão foi chamado a abandonar tudo o que conhecia, um gesto de fé absoluta, e seguir a voz de um Deus que lhe prometia bênçãos e descendência inumerável. A partir desse ponto, o caminho do povo judeu seria pavimentado por desafios, mas também por momentos de revelação e proximidade divina.

A Torá, a mais sagrada das escrituras judaicas, é mais do que um livro de leis; é a própria alma da fé judaica. Nela, estão inscritos os fundamentos da criação, a narrativa dos patriarcas e a voz de Deus guiando o povo em seu caminho. Ao longo de sua história, o judaísmo sempre valorizou o estudo e a reflexão sobre a Torá, não como uma prática intelectual, mas como um ato de devoção e um meio de fortalecer a conexão com Deus. A cada geração, o estudo da Torá permite que os judeus renovem seu entendimento, aprofundando-se no significado da fé e no propósito de sua própria existência.

Dentro da prática judaica, os mandamentos, ou mitzvot, formam uma ponte entre o humano e o divino. Cada mandamento, grande ou pequeno, oferece uma oportunidade de recordar a presença de Deus no cotidiano e de alinhar ações e intenções à vontade divina. A vida judaica é, portanto, uma tapeçaria intricada, onde cada detalhe — desde as bênçãos antes das refeições até as orações diárias — constitui um passo na direção de uma vida de santidade e propósito. A espiritualidade judaica, assim, é encontrada tanto nos atos públicos quanto nos momentos de introspecção privada, criando uma harmonia entre o indivíduo, a comunidade e Deus.

O conceito de "povo escolhido" carrega consigo um peso de responsabilidade e uma profunda conexão com os valores éticos e morais. Não se trata de superioridade, mas de um chamado para viver de maneira íntegra e justa, atuando como um exemplo de retidão e compaixão. Os judeus, ao longo dos séculos, foram exortados a serem "uma luz para as nações", conduzindo suas vidas de acordo com princípios que promovem a justiça e o respeito pela dignidade humana. Esse chamado espiritual ecoa nos preceitos da Torá, onde o amor ao próximo e a busca pela paz se destacam como mandamentos fundamentais.

Essa visão da vida como uma missão sagrada atravessa os séculos, sustentando o povo judeu em períodos de exílio, perseguições e provações. A resiliência do judaísmo reflete uma confiança inabalável no futuro, sustentada pela fé em Deus e no cumprimento de Sua vontade. A história dos judeus, marcada por desafios e renascimentos, testemunha a profundidade de uma espiritualidade que transcende as circunstâncias materiais e que encontra sua força em algo que ultrapassa as fronteiras da compreensão racional.

No entanto, o judaísmo é também uma tradição viva, que se adapta e evolui conforme as gerações passam. Apesar das transformações ao longo dos séculos, o judaísmo preserva suas raízes e seus valores, reimaginando-os à luz das novas realidades. Essa capacidade de adaptação revela uma fé que, longe de ser rígida, é flexível e eternamente relevante, capaz de iluminar tanto os caminhos antigos quanto as estradas ainda por desbravar.

A prática do Shabat, por exemplo, é uma das expressões mais profundas da espiritualidade judaica. Esse dia de descanso semanal não é apenas um momento de pausa, mas uma oportunidade de renovação espiritual, um tempo sagrado que permite ao indivíduo reconectar-se consigo mesmo, com sua família e com Deus. O Shabat é um lembrete da criação e da própria aliança divina, um momento em que o mundo material cede espaço ao espiritual, e onde a vida adquire um novo ritmo, focado na contemplação e na gratidão.

As festividades judaicas, como o Pessach e o Yom Kipur, são outros momentos de reencontro com a essência da fé e da história judaica. Cada festa traz consigo uma mensagem espiritual e um convite à reflexão, revivendo eventos que moldaram a identidade do povo judeu e fortalecendo os laços com a tradição. Essas celebrações são vivências espirituais que ultrapassam o tempo, conectando cada geração àqueles que vieram antes e preparando o caminho para os que virão.

O judaísmo valoriza também a importância da comunidade, pois reconhece que a fé é fortalecida quando vivida em conjunto. A sinagoga, o estudo da Torá em grupo, o apoio mútuo e a solidariedade são pilares que sustentam a vida judaica. Na comunidade, os valores de fraternidade e compaixão são cultivados, criando um ambiente onde a fé é vivida de maneira coletiva, e onde o apoio e a presença de cada membro se tornam fontes de inspiração e força.

A educação é outro pilar do judaísmo, considerada não apenas um direito, mas um dever sagrado. O aprendizado contínuo da Torá e das tradições é visto como um meio de manter viva a fé e a sabedoria acumulada por gerações. A busca pelo conhecimento espiritual e moral não apenas eleva o indivíduo, mas também enriquece a comunidade, permitindo que os valores e as lições da Torá sejam transmitidos e reinterpretados conforme a necessidade de cada época.

A identidade judaica é, portanto, construída sobre uma base sólida de fé, ética e tradição, mas também aberta ao diálogo com o mundo e com os desafios que surgem. O compromisso com a Torá e com os valores judaicos orienta cada ação e pensamento, formando uma base de identidade que perdura, transcendendo os desafios e reafirmando, geração após geração, o pacto espiritual que une o povo judeu a Deus.

Ao adentrar no estudo e na reflexão sobre o judaísmo, abre-se uma porta para um caminho de entendimento e autoconhecimento que pode ser transformador. Essa é uma jornada onde cada passo revela novas camadas de significado, e onde cada experiência oferece um vislumbre da vastidão espiritual contida em uma tradição que, embora antiga, permanece viva e pulsante. No âmago do judaísmo, encontra-se um convite para a descoberta, para a contemplação do mistério divino e para o cultivo de uma vida que busca, acima de tudo, a verdade e a justiça.

Capítulo 2
A Aliança Divina

A aliança entre Deus e o povo judeu é um pacto que ultrapassa o conceito de contrato e de um acordo simples entre partes. Em sua essência, representa uma promessa sagrada que se renova a cada geração e infunde um sentido profundo e eterno de missão, obrigações e conexão. Esse pacto não é apenas um compromisso firmado por palavras, mas um elo de responsabilidade e reciprocidade, no qual o povo judeu é chamado a guardar e viver os ensinamentos divinos. No cerne dessa aliança, há uma revelação de que a relação entre Deus e o povo de Israel é fundamentada na confiança mútua e em um amor incondicional que desafia o próprio conceito de tempo.

A narrativa dessa aliança começa com Abraão, um homem comum, chamado a se erguer e liderar seu povo em uma nova direção, uma trajetória única que o separaria de todas as outras nações. Abraão, o primeiro a ouvir e responder ao chamado divino, deixou para trás suas terras e seu passado em um ato de fé singular, aceitando o desafio de seguir um caminho desconhecido. Foi então que se estabeleceu a primeira aliança, um pacto de confiança e fidelidade que exigia entrega absoluta e total devoção. A promessa de Deus a Abraão era de que, em troca da sua obediência e fé, ele teria uma descendência tão numerosa quanto as estrelas do céu, e que essa descendência herdaria uma terra abençoada e próspera, destinada a ser um lar eterno.

Mas a aliança de Deus não parou em Abraão; ela se renovou e se intensificou com o tempo, assumindo novas camadas de complexidade. Com Moisés, a aliança alcançou seu ponto culminante no Monte Sinai, onde o povo de Israel se reuniu para ouvir a voz de Deus e receber a Torá. Ali, o povo se comprometeu de corpo e alma a obedecer as leis divinas, reconhecendo o Deus único e aceitando Seu guia e Sua soberania. A entrega da Torá simbolizou não apenas o pacto entre Deus e Israel, mas também uma convocação para uma vida de santidade e moralidade, uma existência que transcenderia o próprio indivíduo e alcançaria o coletivo, formando uma sociedade fundada na justiça, na compaixão e na retidão.

Esse pacto, ao ser transmitido de geração em geração, não perdeu sua força ou significado. Pelo contrário, a cada nova era, ele assume novas formas de expressão e se renova no coração e na mente do povo judeu, reafirmando uma relação que resiste às mais adversas circunstâncias. A aliança divina, portanto, transcende a história e assume um aspecto quase sobrenatural, pois conecta o povo judeu ao próprio propósito divino de maneira inquebrantável e infinita. Este pacto é ao mesmo tempo um privilégio e um peso, uma promessa de bênção, mas também uma cobrança constante por fidelidade e dedicação.

Ao longo dos séculos, o conceito de aliança foi desafiado e testado em situações de extrema dificuldade. Guerras, exílios e perseguições poderiam facilmente ter enfraquecido essa conexão, mas, em vez disso, elas apenas fortaleceram o vínculo entre o povo judeu e seu Deus. Em cada momento de sofrimento, o povo judeu se voltou para a aliança como sua âncora e fonte de esperança, acreditando que Deus, mesmo em meio ao silêncio, não quebraria Sua promessa. Essa certeza de uma presença constante, de uma aliança que não depende de condições humanas, representa uma força inabalável que manteve e continua a manter o judaísmo vivo, mesmo diante das maiores tribulações.

É importante entender que essa aliança não é imposta, mas aceita livremente e com plena consciência de sua profundidade. Ser parte desse pacto é também assumir a responsabilidade de viver segundo os mandamentos divinos, buscando a justiça, praticando o bem e rejeitando o mal. Para o judeu, essa responsabilidade é mais do que uma série de obrigações; é um modo de vida, uma maneira de transformar o mundo ao seu redor e de honrar o Deus que escolheu seu povo e lhe confiou uma missão. Assim, cada ação, desde a mais simples até a mais complexa, carrega o potencial de cumprir uma parte desse pacto sagrado, de demonstrar fidelidade à aliança e de se aproximar de Deus.

A aliança também se expressa de maneira particular no compromisso com a Torá. Esse livro sagrado é visto não apenas como um guia moral, mas como uma manifestação viva da vontade de Deus. Seguir a Torá é, portanto, uma forma de estar em constante comunhão com o divino, de vivenciar a presença de Deus em cada aspecto da vida. E cada mitzvá, ou mandamento, é como um tijolo na construção dessa relação, um passo em direção ao ideal de vida que Deus propõe ao Seu povo. É como se cada ato de cumprimento fosse uma reafirmação da aliança, um sinal de que, apesar das dificuldades e desafios, o povo judeu escolhe, dia após dia, permanecer fiel ao compromisso com Deus.

A responsabilidade da aliança não é apenas individual, mas coletiva. Cada membro da comunidade judaica carrega em si uma parte dessa promessa, e todos, como um único corpo, compartilham o dever de mantê-la viva e forte. Este senso de comunidade é essencial no judaísmo, pois a aliança não poderia ser sustentada de maneira isolada; ela precisa da coesão e do apoio mútuo. É na unidade que a força do pacto se revela, e é por meio dessa união que o povo judeu encontra coragem e propósito para continuar sua jornada. A aliança, então, não se limita a uma promessa entre Deus e indivíduos, mas envolve a coletividade, uma família espiritual que se apoia e se mantém fiel à missão.

Em última instância, o significado da aliança divina reside na transformação da própria vida em um ato de serviço e devoção. Esse pacto inspira uma existência voltada ao bem, ao autoconhecimento e ao desenvolvimento espiritual. A aliança é a centelha que desperta o desejo de elevação, que impulsiona o judeu a transcender as limitações mundanas e a buscar um propósito maior. Ela é o lembrete constante de que cada vida, cada momento e cada decisão têm valor diante de Deus. A aliança, portanto, é mais do que um acordo ou uma promessa; ela é o próprio sentido de vida, o ponto de encontro entre o humano e o divino.

Essa aliança com Deus, que começou nos tempos de Abraão e que se consolidou com Moisés, nunca se apagou. Em tempos de paz ou de dor, em épocas de prosperidade ou de exílio, ela continua a guiar o povo judeu, lembrando-o de seu papel e de seu compromisso. A aliança divina não é apenas uma tradição; é um chamado eterno, uma voz que atravessa os tempos e que se manifesta em cada ato de fé e de coragem. É ela que dá ao povo judeu a certeza de que, independentemente das circunstâncias, sua existência tem um propósito maior, um destino que se conecta ao próprio plano divino.

Assim, a aliança permanece como uma fonte inesgotável de força, esperança e inspiração, sustentando cada judeu e a própria comunidade ao longo das gerações. E ela é também um convite silencioso, estendido a todos os que buscam algo além de si mesmos, algo eterno e profundamente significativo. A aliança divina é o vínculo que transcende o tempo e que jamais se rompe, um pacto que ilumina o caminho e fortalece o espírito, conectando o homem ao divino em uma relação de amor, reverência e propósito sagrado.

Capítulo 3
O Primeiro Escolhido

Abraão, patriarca e símbolo de fé, é uma figura de extraordinário significado no judaísmo. Sua história não é apenas um relato de antigas tradições, mas um arquétipo da devoção, coragem e conexão com o divino. Ele não surge como um homem que simplesmente aceita a religião de seu povo ou segue um conjunto de regras. Ao contrário, Abraão representa aquele que ouve, pela primeira vez, a voz de Deus em um mundo de incertezas e responde com uma entrega incondicional e sem precedentes.

Em um tempo em que as pessoas adoravam diversos deuses, deuses visíveis e palpáveis, o chamado de Abraão ao monoteísmo foi revolucionário. Esse chamado o convidava a seguir o Deus invisível, um ser sem forma, eterno e absoluto, cuja presença se manifesta além do mundo físico. Abraão, no entanto, não questionou. Ele atendeu à chamada e deu início a uma jornada que não era apenas física, mas uma travessia interior, profunda e irrevogável. Esse movimento de abandonar as tradições politeístas de sua terra natal para seguir um Deus único marcou a fundação do judaísmo e inspirou toda a linhagem de fé que viria a partir de sua resposta.

O que faz de Abraão um escolhido, um líder espiritual, é sua capacidade de confiar plenamente em uma promessa divina. Deus fez a Abraão uma promessa que parecia impossível aos olhos humanos: ele, já em idade avançada, teria descendentes que formariam uma grande nação. Abraão não só acreditou, mas viveu em função dessa promessa, cada passo guiado pela certeza do que ainda estava por vir. Sua fé, no entanto, não era cega; era uma fé que permitia questionamento e diálogo, como se vê no episódio em que Abraão intercede pela cidade de Sodoma. Esse episódio nos mostra um homem que se atreve a desafiar Deus em busca de justiça, mas que o faz com profundo respeito e lealdade, deixando transparecer uma relação de intimidade e confiança.

Essa dinâmica entre fé e questionamento define o caráter singular de Abraão. Ele não apenas obedece; ele dialoga, procura entender os propósitos divinos, colocando-se como um mediador entre o Deus invisível e o mundo visível. Essa postura revela a complexidade da espiritualidade judaica, que valoriza tanto a devoção quanto o entendimento. Abraão, portanto, é mais do que um seguidor; ele é um colaborador de Deus, alguém que busca participar do plano divino e fazer parte ativa da transformação espiritual do mundo.

A fé de Abraão atinge seu auge no episódio que se tornaria uma das passagens mais emblemáticas da história judaica: a Akedá, ou o Sacrifício de Isaque. Deus ordena a Abraão que sacrifique seu filho, Isaque, o herdeiro da promessa. O pedido desafia toda lógica, pois o filho tão esperado representa o cumprimento da aliança divina. E ainda assim, Abraão se prepara para cumprir o que lhe foi ordenado, em uma demonstração de obediência absoluta, mesmo quando sua própria razão e sentimentos o fariam recuar. No entanto, no último instante, Deus intervém, poupando Isaque e confirmando, mais uma vez, a fé de Abraão.

A Akedá simboliza o momento em que Abraão coloca sua confiança em Deus acima de qualquer coisa, inclusive do amor por seu filho. Esse ato de obediência e entrega não representa apenas um gesto de fé cega; ele personifica a consciência de que a relação entre o ser humano e o divino transcende as limitações humanas. Abraão demonstra que a verdadeira fé requer o desapego do próprio ego e a disposição de entregar tudo a Deus, em uma prova definitiva de confiança. Esta passagem reforça que a aliança com Deus exige mais do que ações; exige uma fé que, no limite, transforma a própria essência do ser.

Abraão, por fim, torna-se o protótipo do fiel, aquele que confia plenamente e que permanece firme mesmo diante dos maiores desafios. Sua vida é um exemplo de como a fé, quando verdadeira, molda o caráter e influencia cada escolha, cada atitude. O judeu vê em Abraão um modelo a seguir, uma figura cuja jornada reflete a própria caminhada de um povo que, geração após geração, aprende a confiar e a perseverar em sua aliança com o divino.

A imagem de Abraão como o primeiro escolhido revela que ser "escolhido" implica uma responsabilidade que não pode ser tomada de forma leviana. Esse privilégio carrega o peso de viver segundo padrões elevados, de ser um canal para a presença de Deus no mundo e de atuar como uma luz de fé e bondade. A trajetória de Abraão lembra que a verdadeira grandeza espiritual não está apenas em alcançar metas ou cumprir preceitos, mas em como o coração responde ao chamado de Deus, mesmo diante das incertezas.

Abraão também personifica a humanidade que é inerente a todo ser espiritual. Ele é alguém que erra, que tem dúvidas e que, ainda assim, é amado por Deus. Sua história nos ensina que a fé não é perfeição, mas uma disposição sincera de caminhar com Deus, de buscar a verdade e de viver uma vida significativa, moldada pelos valores divinos. Dessa forma, o judaísmo encontra em Abraão um símbolo eterno de amor, confiança e obediência.

Sua história, sua fé e sua disposição de enfrentar o desconhecido tornaram-se a base do que significa ser judeu. Através de sua vida, ele demonstrou que a verdadeira espiritualidade exige sacrifício, humildade e uma disposição constante de escutar a voz divina, que muitas vezes nos desafia a ir além de nossas próprias limitações e compreensões. Abraão nos lembra que ser escolhido não significa ser privilegiado ou superior, mas ser um servo fiel, disposto a caminhar ao lado de Deus e a enfrentar qualquer desafio em nome dessa relação sagrada.

O legado de Abraão, assim, é muito mais do que o início de uma linhagem; ele é o início de uma promessa, um pacto que se estende para sempre e que inspira cada nova geração a viver com propósito e compromisso. Sua fé foi o primeiro passo em direção a uma visão de mundo em que a justiça, a compaixão e a reverência ao divino são centrais. Essa visão continua viva e pulsante na alma de cada judeu, um lembrete constante de que o caminho para Deus está sempre aberto para aqueles que, como Abraão, escolhem responder ao chamado.

Abraão representa, portanto, o início de um caminho de fé e de uma jornada de conexão espiritual que não tem fim. Ele é o primeiro a responder à voz de Deus, e através de sua resposta, cada geração subsequente encontra um guia para a sua própria caminhada. O povo judeu vê em Abraão não apenas um antepassado, mas uma inspiração constante, um exemplo eterno de fé em ação. Ele é o primeiro escolhido, mas, em sua escolha, ele abre o caminho para todos os que buscam uma vida guiada pela verdade, pela devoção e pela força inabalável de uma fé que transcende o entendimento humano e alcança o próprio coração do divino.

Capítulo 4
Herança Espiritual

As promessas de Deus a Abraão transcendem o conceito humano de promessa e se transformam em uma herança espiritual que define a essência do povo judeu. Essas promessas não se restringem a um território ou a uma linhagem física; elas envolvem compromissos espirituais que ultrapassam gerações e que moldam a identidade e o propósito do povo judeu até os dias de hoje. As palavras de Deus a Abraão são, ao mesmo tempo, uma bênção e um chamado, um convite para que ele e seus descendentes aceitem um caminho de vida marcado pela fidelidade, pelo compromisso com a santidade e pela devoção ao Criador.

No início, Deus promete a Abraão uma terra — Canaã — como um lugar onde sua descendência se estabelecerá e prosperará. Essa terra é descrita não apenas como um território geográfico, mas como uma "terra prometida", um espaço sagrado e abençoado onde o povo judeu poderia viver em harmonia com a vontade divina. Canaã se torna o símbolo de um destino divino, um lar espiritual onde as gerações futuras poderão se aproximar de Deus e viver de acordo com Suas leis. Porém, mais do que a posse de uma região específica, essa promessa de terra implica a responsabilidade de viver de maneira justa e íntegra, em sintonia com a santidade desse espaço concedido.

Além da terra, Deus promete a Abraão uma descendência tão numerosa quanto as estrelas do céu e os grãos de areia do mar. Essa promessa é surpreendente, pois, no momento em que é feita, Abraão e sua esposa, Sara, são idosos e ainda não têm filhos. A promessa de uma vasta descendência é um ato de fé tanto para

Abraão quanto para aqueles que viriam depois dele. É uma promessa de continuidade, de que o legado espiritual de Abraão seria perpetuado através de gerações, um testemunho da aliança entre Deus e Seu povo, que jamais seria esquecido.

Mas o que realmente diferencia essas promessas divinas é que elas não se limitam ao mundo físico; elas abrangem um compromisso espiritual que torna o povo judeu responsável por uma herança que vai muito além do material. Deus promete não apenas uma terra ou uma linhagem, mas uma conexão íntima e perpétua com Ele. Esta herança espiritual é um convite para uma vida de retidão, para a busca incessante de uma relação autêntica com o divino e para a dedicação a valores e práticas que honram essa aliança.

As promessas divinas não são, portanto, uma simples concessão de benefícios ou privilégios. Elas constituem um pacto que exige que o povo judeu viva de acordo com os mandamentos e preceitos de Deus. Essa aliança é renovada com cada geração, e cada indivíduo que pertence a esse povo carrega consigo a responsabilidade de ser um elo nesta corrente de fé e fidelidade. Esta herança espiritual se traduz em uma missão coletiva e individual, na qual cada judeu, ao longo de sua vida, deve buscar cumprir os valores e ensinamentos da Torá, preservando a essência da aliança.

Essa responsabilidade herdada é a base da identidade judaica, uma característica que se reflete na prática religiosa, na cultura, nas celebrações e no cotidiano do povo judeu. A herança espiritual, simbolizada pelas promessas divinas, é uma recordação constante da conexão com algo maior, algo que dá sentido e direção à vida. Assim, as promessas feitas a Abraão não são apenas uma concessão divina, mas um chamado para uma vida de integridade, altruísmo e santidade. O judeu, ao viver segundo esses princípios, fortalece o elo com seus antepassados e com Deus, garantindo que a aliança continue viva e presente na história.

A fé em tais promessas, especialmente em tempos de provação e exílio, proporciona ao povo judeu uma fonte de força e esperança inabalável. Mesmo nos momentos mais sombrios, essas promessas servem como um lembrete de que Deus está presente e de que a aliança permanece intacta, independentemente das circunstâncias. Esse compromisso com as promessas divinas torna-se uma luz que guia o povo judeu em sua caminhada, renovando a fé e a determinação de seguir em frente, de preservar sua herança espiritual e de manter-se fiel à sua missão.

A herança espiritual do povo judeu, portanto, não é apenas uma tradição que se transmite de geração em geração; ela é uma corrente viva que se renova constantemente, uma centelha divina que resiste ao tempo e às adversidades. Ao aceitar as promessas feitas a Abraão, cada judeu se compromete com uma vida orientada pelos princípios sagrados da Torá e pela missão de ser uma "luz para as nações". Essa responsabilidade transcende o indivíduo e se expande para a comunidade e para o mundo, refletindo o papel do povo judeu como portador de valores universais de justiça, compaixão e retidão.

Por fim, as promessas divinas representam o elo inquebrantável que une o povo judeu ao Criador. Esse elo é reforçado por cada oração, por cada ato de bondade e por cada esforço em viver de acordo com os ensinamentos da Torá. As promessas não são estáticas; elas são uma fonte constante de inspiração, um lembrete de que a jornada espiritual do povo judeu é uma peregrinação rumo à perfeição espiritual e à conexão profunda com o divino. Essa é a verdadeira herança que se perpetua e que confere significado a cada momento de fé e devoção.

A promessa de Deus a Abraão é, portanto, um convite à transformação, uma oportunidade para que cada judeu viva uma vida que honre essa herança sagrada. Não se trata apenas de esperar pelo cumprimento de uma promessa, mas de participar ativamente de seu desdobramento, contribuindo para um mundo mais justo, mais compassivo e mais consciente da presença de Deus. A herança espiritual, moldada pelas promessas divinas, é o alicerce sobre o qual o povo judeu constrói sua identidade, sua fé e sua visão de um mundo onde a justiça e a paz prevaleçam.

Este compromisso com as promessas divinas é, enfim, o que sustenta e define a essência do povo judeu, conectando-o a Deus e a um propósito eterno

Capítulo 5
Moisés e a Lei de Deus

Moisés é uma figura central no judaísmo, não apenas como um líder, mas como o intermediário por meio do qual Deus revelou Sua Lei ao povo judeu. Desde o seu nascimento, Moisés parece destinado a uma vida de propósito e sacrifício. Ele nasce em uma época de opressão, em que os hebreus sofriam como escravos no Egito, e sua sobrevivência é, por si só, um milagre: salvo da morte quando ainda era um bebê, Moisés é adotado pela filha do faraó e criado na corte egípcia. Essa trajetória extraordinária o prepararia para a missão grandiosa que estava por vir, uma missão que moldaria a história do povo judeu para sempre.

O encontro de Moisés com Deus acontece de forma inesperada e poderosa, quando ele vê um arbusto em chamas que, inexplicavelmente, não se consome pelo fogo. Esse fenômeno representa um chamado divino, uma manifestação de que algo além da compreensão humana estava prestes a ocorrer. Ao aproximar-se da sarça ardente, Moisés ouve a voz de Deus, que o comissiona para uma tarefa monumental: libertar o povo de Israel do jugo egípcio e conduzi-lo à terra prometida. Este chamado revela a singularidade de Moisés como o escolhido para liderar o povo judeu e para estabelecer uma conexão direta e profunda com Deus.

A libertação do Egito não é apenas uma fuga física da escravidão; é um símbolo de emancipação espiritual, um passo essencial para a construção de uma nova identidade. Guiado por Deus, Moisés realiza milagres e confronta o faraó, desafiando o maior império da época com uma fé inabalável. As pragas que acometem o Egito e o clímax da travessia do Mar Vermelho são manifestações do poder de Deus e sinais da aliança entre Ele e o povo judeu. Cada milagre reforça o comprometimento de Deus com Seu povo e o papel de Moisés como o líder escolhido para conduzi-lo.

A jornada pelo deserto após a saída do Egito representa um período de aprendizado e transformação. O povo judeu, recém-libertado da escravidão, deve agora aprender a viver sob a orientação de uma lei divina, uma estrutura que regule tanto a vida comunitária quanto a relação com Deus. Moisés é o mediador desse processo de transição e aprendizado, ajudando o povo a entender que a liberdade verdadeira não é a ausência de limitações, mas a capacidade de escolher viver de acordo com a vontade divina, de maneira justa e compassiva.

O ápice da missão de Moisés ocorre no Monte Sinai, onde ele recebe a Torá, uma revelação direta de Deus. O povo de Israel se reúne ao pé da montanha, e ali, entre trovões e raios, Deus se manifesta de maneira visível e audível, concedendo os Dez Mandamentos. Esse momento é mais do que uma entrega de leis; é a formalização de um pacto sagrado entre Deus e o povo judeu. A Torá, que inclui os Dez Mandamentos e uma série de instruções sobre moralidade, justiça e pureza, se torna o fundamento da vida judaica, estabelecendo um padrão de comportamento que moldaria o povo judeu por milênios.

A importância dos Dez Mandamentos transcende o contexto histórico em que foram entregues. Esses mandamentos representam princípios universais, como a importância da fé em Deus, o respeito à vida, à verdade e à justiça. Eles são a base moral sobre a qual se estrutura a sociedade judaica, e cada mandamento carrega consigo um significado espiritual que ecoa ao longo das gerações. Ao receber esses mandamentos, o povo judeu aceita não apenas um conjunto de leis, mas um compromisso de viver segundo padrões elevados, guiados pela ética e pela devoção ao divino.

Moisés também recebe instruções detalhadas sobre outros aspectos da vida, abrangendo desde leis de pureza e alimentação até normas para o tratamento de outros seres humanos e até mesmo dos animais. A Torá, portanto, não é apenas um código religioso; ela é um guia completo para a vida. Ela ensina que cada ação, cada escolha, cada relação pode ser um ato de conexão com Deus, que habita nos detalhes do cotidiano. A vida judaica, assim, se torna uma expressão da aliança divina, uma forma de santificar o mundo por meio da observância e da busca constante de perfeição moral e espiritual.

Entretanto, a jornada de Moisés não foi livre de desafios. Após receber a Lei, ele desce do Monte Sinai e encontra o povo adorando um bezerro de ouro, em um ato de idolatria. Esse episódio marca uma crise espiritual que poderia ter rompido o pacto recém-estabelecido entre Deus e Israel. Moisés, em um gesto de indignação e dor, quebra as tábuas dos Dez Mandamentos, simbolizando o rompimento do pacto. Mas, em um ato de intercessão corajoso, ele ora a Deus e suplica pelo perdão do povo. Esta é uma demonstração da profunda conexão entre Moisés e o povo, e entre Moisés e Deus. Sua capacidade de perdoar e de interceder pelo povo revela seu compromisso com a missão divina e com o bem-estar de Israel.

A figura de Moisés, portanto, transcende a de um mero líder; ele é um profeta, um servo e um pai espiritual para o povo judeu. Ele representa aquele que vê a face de Deus, que recebe instruções diretamente d'Ele e que, com paciência e compaixão, guia o povo em meio a suas fragilidades e dúvidas. Moisés é também um modelo de humildade, que nunca busca honras para si, mas se coloca sempre a serviço de Deus e da comunidade. Ele é lembrado como o maior dos profetas, aquele que falou com Deus "face a face", mas que, ainda assim, manteve a humildade e a dedicação incondicionais.

O legado de Moisés é, sobretudo, a Torá, que ele transmitiu ao povo e que se tornaria a base da vida judaica. Ela não é apenas um conjunto de leis, mas um caminho para se aproximar de Deus, um instrumento de santificação do indivíduo e da sociedade. O povo judeu, ao estudar e praticar a Torá, perpetua o compromisso de Moisés, renovando a aliança com

Deus e preservando o legado do grande líder. Cada judeu que estuda a Torá, cada oração, cada ato de bondade realizado em nome da justiça e da compaixão são uma homenagem a Moisés e um testemunho do impacto de sua missão.

A vida e a obra de Moisés se estendem para além da sua época, influenciando não apenas o judaísmo, mas também outras tradições espirituais. Sua jornada, seu exemplo e seus ensinamentos moldaram a ética, a moralidade e a espiritualidade de inúmeras gerações. Moisés é um símbolo de coragem e de fé, alguém que enfrentou desafios pessoais e espirituais para cumprir uma missão sagrada. Através dele, o povo judeu recebeu a Lei de Deus e descobriu que a verdadeira liberdade é aquela que se encontra na devoção e na retidão.

Assim, Moisés é lembrado não apenas como um homem de Deus, mas como o líder que libertou seu povo da opressão e o conduziu em direção a um propósito eterno. Sua vida é uma expressão da essência do judaísmo: a busca incessante de um relacionamento profundo e verdadeiro com Deus, mediado pela Lei e pelo compromisso de viver uma vida sagrada. Moisés personifica a ligação entre o céu e a terra, entre o divino e o humano, e é por meio dessa conexão que a Torá continua a ser, até hoje, um guia para todos os que buscam a sabedoria, a justiça e a santidade.

Capítulo 6
A Torá e o Compromisso Moral

A Torá é a essência da instrução divina ao povo judeu, um guia sagrado que não apenas prescreve leis, mas desenha um caminho de vida marcado pela ética, pela responsabilidade e pela busca incessante de uma conexão profunda com Deus. Ao recebê-la, o povo judeu assumiu um compromisso moral que transcende a mera observância de regras; é uma aliança com o Criador, onde cada mandamento — cada mitzvá — serve para elevar a alma, lapidar o caráter e infundir a vida com sentido. Este compromisso, no entanto, vai além do indivíduo e se estende a toda a coletividade, criando um padrão de moralidade que visa transformar o mundo em um espaço de justiça, bondade e retidão.

O conteúdo da Torá oferece um código ético que abrange todos os aspectos da existência, desde o relacionamento com o próximo até a forma de tratar o meio ambiente e os animais. Para o judaísmo, cada aspecto da criação é importante, e o tratamento justo e respeitoso de tudo o que existe é uma expressão de devoção a Deus. As leis da Torá moldam o caráter dos que as seguem, convidando-os a viver com humildade, a agir com compaixão e a buscar a verdade. Esse compromisso moral, que cobre tanto as ações públicas quanto as atitudes privadas, é a base de uma vida orientada pelo amor e pelo temor a Deus, elementos essenciais para a santificação do cotidiano.

A Torá, em seus mandamentos, propõe uma vida pautada pela integridade, e é por meio dela que o povo judeu encontra orientação para cada escolha e decisão. O respeito aos pais, o cuidado com o estrangeiro, a justiça para o trabalhador, o descanso do Shabat, a honestidade nos negócios e a rejeição ao roubo e à mentira são princípios que não apenas regulam o convívio social, mas que criam uma estrutura onde a presença de Deus é continuamente lembrada. Cada um desses mandamentos é uma oportunidade de refletir a divindade na vida diária, e cada cumprimento de uma mitzvá é um passo em direção a uma existência mais próxima do ideal divino.

O compromisso moral exigido pela Torá não é uma condição passiva, mas um ato de escolha consciente. Viver de acordo com a Torá é optar, todos os dias, por uma vida de dedicação e de autoaperfeiçoamento, onde cada ação é uma afirmação do pacto com Deus. Esse compromisso requer esforço, vigilância e constante aprendizado, pois a Torá não é uma lei estática, mas uma revelação dinâmica que desafia o indivíduo a crescer espiritualmente e a desenvolver uma relação íntima com o divino. Ela ensina que o verdadeiro sentido da vida está em buscar o aprimoramento moral e em agir com retidão, mesmo quando ninguém está olhando, pois todas as ações têm valor e impacto no todo.

Além disso, a Torá revela que a moralidade não é relativa ou circunstancial; ela é uma expressão da vontade de Deus, que se reflete na criação e no tratamento do próximo. Ao viver segundo os mandamentos, o povo judeu assume a responsabilidade de ser um exemplo de virtude e de bondade, uma "luz para as nações". Esse papel implica um chamado para promover a paz, a justiça e a verdade em todas as esferas da vida. A fidelidade à Torá é, assim, uma expressão de amor e reverência ao Criador, que se manifesta em um compromisso real e contínuo com o bem-estar dos outros e do mundo.

A Torá também destaca o papel da introspecção e do arrependimento como práticas fundamentais para a manutenção do compromisso moral. O judaísmo valoriza profundamente a teshuvá, ou retorno, uma prática de autoavaliação e correção de erros. O comprometimento com a Torá envolve reconhecer as falhas e buscar constantemente um alinhamento com os princípios divinos, sem negar a realidade das imperfeições humanas. A teshuvá é um ato de humildade, de reconhecimento das limitações, e de renovação do compromisso com a pureza moral e a elevação espiritual. Por meio dela, o povo judeu mantém viva a relação com Deus, renovando o pacto a cada oportunidade de correção e crescimento.

O compromisso moral que a Torá exige abrange, portanto, não apenas a relação com o Criador, mas também com toda a humanidade. Os mandamentos éticos orientam o judeu a praticar a tzedakah, ou caridade, a ajudar o próximo e a agir com justiça, buscando sempre o equilíbrio e a harmonia nas relações. A prática da tzedakah não é vista como um ato opcional ou casual, mas como uma obrigação espiritual que enriquece tanto quem dá quanto quem recebe. Essa prática torna-se um reflexo de um compromisso mais profundo com a justiça divina, uma expressão da vontade de Deus para que todos vivam em dignidade e respeito.

A vida cotidiana do judeu é, assim, continuamente permeada pela Torá, que serve como uma bússola moral e espiritual. Desde as pequenas ações até os grandes atos, a Torá transforma o dia a dia em um espaço sagrado, onde a presença de Deus é sentida e honrada. Cada ato de bondade, cada palavra de verdade e cada gesto de compaixão são um reflexo do compromisso assumido com a aliança, e é por meio desse cumprimento fiel que o povo judeu honra o pacto estabelecido por seus antepassados. Viver segundo a Torá é, assim, viver uma vida plena e consciente, onde a ética e a espiritualidade se entrelaçam e se fortalecem mutuamente.

A Torá, portanto, não se limita a um conjunto de regras a serem cumpridas; ela é a expressão viva da vontade de Deus e um caminho para a aproximação constante com Ele. Ao estudá-la e vivê-la, o povo judeu reafirma a sua missão e renova a sua identidade como um povo comprometido com a verdade e a justiça. Esse compromisso moral transcende o indivíduo e se torna a base para a construção de uma sociedade harmoniosa, onde a bondade e a retidão são os alicerces das relações. A Torá é a luz que guia o judeu em sua jornada espiritual, lembrando-o de que cada escolha, por menor que seja, possui um significado profundo e uma conexão com o propósito divino.

Por fim, o compromisso moral com a Torá representa o anseio por uma vida mais elevada, onde cada momento é uma oportunidade de honrar a Deus e de transformar o mundo ao redor. O povo judeu encontra na Torá um propósito que vai além do que é imediato e visível, buscando sempre um alinhamento com os valores eternos que ela propõe. Esse compromisso com a moralidade e a retidão, portanto, não é apenas uma responsabilidade, mas uma fonte de alegria e de sentido, uma expressão de uma fé que transcende o tempo e que se renova a cada geração.

A Torá é, em sua essência, a manifestação do amor de Deus pelo Seu povo, e viver segundo seus ensinamentos é a resposta desse povo a esse amor incondicional.

Capítulo 7
O Escolhido

No coração do judaísmo encontra-se o conceito de ser um "povo escolhido", uma ideia que envolve uma missão única e uma responsabilidade profunda. Ser escolhido por Deus não é um privilégio que confere poder ou superioridade, mas uma designação que impõe deveres espirituais e éticos. Esse conceito é, acima de tudo, um chamado para o serviço, uma convocação para que o povo judeu viva como exemplo de retidão e compaixão, e para que inspire os outros a buscar a bondade e a justiça. Ser escolhido, no judaísmo, significa carregar a responsabilidade de honrar a aliança com Deus e de manter viva uma herança espiritual que reflete os valores universais de dignidade, respeito e humanidade.

O significado de ser "escolhido" remonta ao pacto feito entre Deus e Abraão, quando Ele prometeu abençoar a descendência de Abraão e fazer de seu povo uma luz para as nações. Esse pacto foi renovado com Moisés e formalizado na entrega da Torá no Monte Sinai, onde o povo judeu aceitou a missão de viver segundo os mandamentos divinos. Este momento marcou a transformação de um grupo de pessoas em uma nação sagrada, um povo consagrado à prática da ética e à busca da santidade. Ser "escolhido", portanto, é estar comprometido em viver de acordo com os princípios que Deus revelou na Torá e em compartilhar esses valores com o mundo.

Essa escolha divina, porém, não implica em exclusão dos demais povos, mas, sim, em uma responsabilidade especial que exige fidelidade e sacrifício. O judaísmo vê o papel de "povo escolhido" como uma vocação, uma missão de conduzir o mundo à consciência do sagrado e ao respeito pelos princípios morais. Ao longo da história, os judeus foram chamados a ser portadores de uma mensagem de monoteísmo, justiça e compaixão, e esse chamado frequentemente exigiu perseverança em meio a perseguições e desafios. A escolha divina não garantiu uma vida fácil ou isenta de sofrimento; ao contrário, ela trouxe consigo provações que fortaleceram o compromisso com a fé e com a missão de promover os valores divinos.

A responsabilidade de ser um "povo escolhido" se manifesta na prática diária da vida judaica, onde cada mandamento é uma oportunidade de santificar o mundo. O judeu, ao seguir a Torá, é convidado a viver de forma que cada ação seja um reflexo da presença de Deus, transformando o mundano em sagrado e o ordinário em extraordinário. Este compromisso constante com a justiça, a honestidade e a bondade é o que diferencia o papel do povo judeu e o que dá sentido ao conceito de escolha. Ser escolhido é, portanto, buscar incansavelmente um ideal de vida que honra e eleva toda a criação, um ideal que se realiza na prática dos mandamentos e na busca por uma vida ética e inspiradora.

Essa responsabilidade também exige humildade. Ser escolhido não significa que o povo judeu é intrinsecamente superior ou mais amado por Deus do que outros povos; significa, em vez disso, que ele foi chamado a liderar pelo exemplo e a servir como um canal para a luz divina. A escolha é um compromisso de amor e de serviço, não uma posição de destaque ou de privilégio. O judaísmo enfatiza que cada ser humano foi criado à imagem de Deus e que cada nação possui um papel especial no plano divino. A missão judaica, assim, não diminui a importância dos outros povos, mas complementa a diversidade da criação ao trazer ao mundo uma mensagem de santidade e de retidão.

O conceito de "povo escolhido" também envolve uma responsabilidade intergeracional. Cada geração de judeus recebe esse legado sagrado e é chamada a transmiti-lo adiante, preservando a aliança e renovando o compromisso com Deus. A continuidade desse pacto não depende apenas da fé individual, mas de uma comunidade que mantém viva a tradição e que ensina os valores da Torá às próximas gerações. O judeu é, portanto, um guardião de um pacto que transcende o tempo, um elo em uma corrente espiritual que conecta o passado ao presente e ao futuro. Cada ato de fidelidade à aliança fortalece essa corrente e reafirma o compromisso com o propósito divino.

No âmago desse chamado está o papel do povo judeu como uma "luz para as nações". Essa expressão não significa que os judeus sejam superiores, mas que, ao viver uma vida de retidão, eles podem servir de exemplo para os outros povos. Essa luz é o reflexo dos valores divinos manifestados em ações concretas de bondade, justiça e amor ao próximo. A missão judaica é ser uma fonte de inspiração e de orientação moral, mostrando ao mundo que uma vida baseada na ética e na devoção é possível e desejável. A luz que os judeus são chamados a transmitir não é deles, mas de Deus, e a responsabilidade de manter essa luz viva exige dedicação e sacrifício constantes.

Ser escolhido é, portanto, uma escolha diária. O compromisso não se resume a um evento histórico, mas a uma série de escolhas feitas a cada dia — escolhas que refletem a fidelidade ao pacto e o desejo de servir a Deus e ao mundo. Cada judeu, em seu próprio modo de vida, contribui para a preservação desse pacto e para a realização desse ideal. O desafio de viver como um "povo escolhido" implica em transcender as dificuldades e as tentações do mundo material, mantendo o foco em uma vida que honra e enobrece a criação. Essa escolha diária é o que mantém viva a aliança e o que permite que a luz divina continue a iluminar o caminho.

Por fim, o conceito de "povo escolhido" não é um fardo, mas uma fonte de propósito e realização espiritual. Ele confere ao povo judeu um papel significativo no plano divino, uma missão que transforma a vida em uma peregrinação constante em busca do sagrado. Através do cumprimento desse papel, o povo judeu encontra o significado profundo de sua existência e uma conexão direta com Deus. Ser escolhido é um lembrete de que, embora o mundo esteja cheio de desafios, há um propósito maior que guia cada passo e que oferece sentido e direção.

Ser o "povo escolhido", então, é ser um povo em constante diálogo com o divino, um povo cuja identidade é definida pela aliança e pela missão de manifestar a santidade em todas as áreas da vida. É ser um canal de paz, de justiça e de bondade em um mundo que frequentemente necessita dessas qualidades. Essa é a essência do que significa ser escolhido: viver uma vida de propósito, de amor e de reverência a Deus, e transmitir essa luz ao mundo, como uma oferta de esperança, inspiração e fé.

Capítulo 8
Responsabilidades e Deveres do Povo Judeu

A responsabilidade que acompanha o povo judeu é tanto um privilégio quanto um dever sagrado. Esta responsabilidade é enraizada na aliança estabelecida entre Deus e o povo de Israel, um compromisso que não se limita apenas à observância de mandamentos, mas abrange um modo de vida, uma missão que transcende a prática religiosa individual e se expande para a construção de uma sociedade baseada na justiça, na compaixão e na santidade. Essa missão exige fidelidade constante e uma atenção contínua aos preceitos divinos, que moldam a identidade judaica e guiam o povo em seu papel singular no mundo.

Cada mandamento da Torá representa uma oportunidade para que o povo judeu reforce sua conexão com Deus e manifeste os valores espirituais que definem sua relação com o divino e com o próximo. Estes mandamentos, conhecidos como mitzvot, formam um código moral e espiritual que regula todos os aspectos da vida, desde as ações mais íntimas até as interações com a comunidade e o mundo. Esses preceitos, no entanto, não são meras obrigações; são atos de devoção e de elevação espiritual. Cada mitzvá cumprida é uma forma de honrar a aliança e de fortalecer o vínculo com Deus, de trazer santidade ao mundo físico e de transformar cada ato cotidiano em uma expressão da fé.

A responsabilidade do povo judeu é expressa de várias formas, entre elas o respeito e a reverência aos valores fundamentais da Torá. Este compromisso com a justiça, a retidão e o amor ao próximo é a essência da missão judaica. A Torá instrui que o judeu trate o outro com respeito e dignidade, que ajude o necessitado, que cuide do estrangeiro e que defenda o oprimido. Esses mandamentos são o alicerce de uma vida dedicada a Deus e ao bem-estar do próximo. A prática desses valores não apenas fortalece a comunidade judaica, mas também oferece ao mundo um exemplo de vida ética e moral.

A vida judaica é permeada de rituais e de práticas que reforçam essa conexão constante com Deus. O Shabat, por exemplo, é mais do que um dia de descanso; é uma oportunidade de renovar o espírito e de lembrar a aliança com o Criador. A cada semana, o povo judeu interrompe as atividades do mundo material para dedicar-se ao espiritual, à oração, ao estudo e à reflexão. Este dia sagrado é um símbolo da responsabilidade que o povo judeu carrega, um compromisso de honrar a criação e de reconhecer a soberania de Deus sobre o mundo. O Shabat é um mandamento que transcende o indivíduo e se estende à família, à comunidade e até aos trabalhadores e animais, enfatizando a importância de uma pausa para a renovação espiritual e o respeito pela dignidade de todos os seres.

Outro aspecto importante das responsabilidades do povo judeu é a prática da tzedakah, ou caridade. No judaísmo, a caridade não é um ato opcional, mas uma obrigação que enriquece tanto quem dá quanto quem recebe. A tzedakah é vista como uma forma de equilibrar a justiça social, uma maneira de assegurar que todos possam viver com dignidade e segurança. Dar aos necessitados não é apenas uma expressão de bondade, mas um cumprimento de um dever sagrado. Ao praticar a tzedakah, o judeu cumpre um papel essencial na promoção de um mundo mais justo e compassivo, refletindo os valores da Torá e honrando o compromisso com Deus.

Os deveres do povo judeu não se limitam aos rituais e à caridade; eles também incluem o estudo contínuo da Torá e dos ensinamentos judaicos. O estudo é um meio de aprofundar a compreensão da lei divina e de se aproximar de Deus. Ao estudar, o judeu não apenas adquire conhecimento, mas se conecta com as gerações passadas e com a tradição viva que sustenta a identidade judaica. Esse estudo é visto como uma prática sagrada, um momento de comunhão com Deus e uma oportunidade de refletir sobre os próprios valores e ações. Cada ensinamento da Torá é uma ferramenta para o autoconhecimento e para o aprimoramento espiritual, e cada momento de estudo é uma renovação do compromisso com a aliança.

No judaísmo, a responsabilidade e o dever também se manifestam na forma como o indivíduo cuida de si mesmo e do meio em que vive. A Torá inclui mandamentos sobre a pureza, a alimentação e a saúde, pois o corpo é visto como um templo que deve ser respeitado e cuidado. Assim, o judaísmo ensina que a espiritualidade não está separada da vida física, mas que ambas estão interligadas. A responsabilidade de manter o corpo saudável e de preservar a natureza é uma expressão de reverência pela criação e de respeito pelo dom da vida que Deus concede. Os judeus são chamados a viver em harmonia com a natureza, reconhecendo a importância de preservar o mundo para as gerações futuras.

Além disso, o cumprimento das mitzvot molda o caráter e forma a base para uma identidade forte e resiliente. Cada mandamento cumprido é uma expressão de disciplina, paciência e humildade, virtudes que fortalecem o espírito e permitem que o povo judeu enfrente as adversidades com fé e determinação. Esse processo de crescimento interior, alimentado pelo cumprimento das leis divinas, gera uma conexão mais profunda com Deus e prepara o judeu para viver uma vida plena, cheia de significado e propósito.

O cumprimento das responsabilidades e deveres não é, portanto, um peso, mas uma fonte de elevação espiritual e de proximidade com o divino. Viver de acordo com a Torá é aceitar a missão de trazer santidade ao mundo, de ser um reflexo da bondade divina e de inspirar outros a buscarem uma vida mais ética e compassiva. Essa missão é uma forma de demonstrar gratidão a Deus e de transformar o mundo ao redor em um lugar de paz e de harmonia.

Ao longo dos séculos, o povo judeu enfrentou grandes desafios e, ainda assim, manteve-se fiel a esses deveres. A resiliência judaica, que se expressa na capacidade de preservar a fé e a identidade em tempos de adversidade, é um testemunho da força desse compromisso. A história do povo judeu é marcada por um profundo senso de missão, que persiste em meio a dificuldades, sempre sustentado pela confiança nas promessas divinas e pelo desejo de cumprir a vontade de Deus.

A responsabilidade de ser o "povo escolhido" é, assim, um convite para que o povo judeu viva com propósito, com devoção e com um amor profundo pela humanidade e pelo Criador. Cada mitzvá cumprida, cada oração recitada, cada ato de bondade realizado fortalece o vínculo com Deus e mantém viva a chama da aliança. Esta é a essência da vida judaica: um ciclo constante de aprendizagem, de crescimento e de serviço ao divino.

Portanto, o cumprimento das responsabilidades e deveres é mais do que uma tradição; é a própria razão de ser do povo judeu, um caminho que conduz à espiritualidade e à realização do propósito de ser uma "luz para as nações." É uma vida que, embora desafiadora, oferece uma recompensa profunda: a consciência de que cada ato realizado com pureza e intenção sincera é uma contribuição para a construção de um mundo mais justo, mais humano e mais próximo de Deus.

Capítulo 9
A Identidade Judaica

A identidade judaica é um elemento singular, construído e reforçado ao longo de milhares de anos de fé, prática e história compartilhada. Ser judeu é, antes de tudo, uma experiência que vai além da religião; é uma vivência que toca a alma, molda o caráter e constrói um sentido de pertencimento que transcende o tempo e o espaço. Essa identidade não é estática, mas sim dinâmica e resiliente, adaptando-se às adversidades sem perder sua essência. E essa essência é o reflexo de uma profunda e contínua conexão com Deus, que se revela na observância da Torá, na tradição, nas práticas e nos valores que orientam a vida cotidiana de cada judeu.

A construção da identidade judaica é uma experiência que começa cedo. Desde a infância, os judeus são introduzidos ao estudo da Torá, ao Shabat, às festas e aos rituais que definem e fortalecem essa identidade. Essas práticas não são apenas ritos ou costumes; são expressões vivas de um vínculo com Deus e com a comunidade. Cada celebração, cada oração e cada ato de caridade e de justiça reforçam o sentido de pertencimento a um povo que compartilha uma missão e uma história espiritual. Para os judeus, o entendimento de sua identidade é inseparável da narrativa coletiva, uma narrativa que começa com os patriarcas e se estende através das gerações.

Além disso, a identidade judaica é moldada pela experiência histórica única deste povo. Os judeus foram exilados de suas terras, enfrentaram perseguições e discriminação, mas sempre preservaram sua fé e seus costumes, mesmo quando a prática de sua religião era proibida ou punida. Cada exílio e cada retorno à Terra de Israel reforçaram o compromisso com a sua fé e com a sua cultura. A história judaica é marcada por desafios que, paradoxalmente, fortaleceram a identidade do povo, pois, em cada período de opressão, a comunidade buscava forças na sua fé, na sua união e na sua missão sagrada.

A identidade judaica é também reforçada pela noção de ser um "povo escolhido", uma ideia que carrega tanto privilégio quanto responsabilidade. Ser escolhido, no judaísmo, não significa superioridade; ao contrário, implica uma responsabilidade de viver de acordo com valores elevados e de servir como um exemplo de retidão e justiça. Essa identidade é, assim, inseparável da noção de aliança com Deus, de um pacto que requer a observância dos mandamentos e o compromisso de agir com ética e compaixão. Ser judeu significa, portanto, aceitar uma vida de propósito e de serviço, onde cada ação tem significado e cada decisão é uma oportunidade de honrar essa aliança.

O papel da comunidade na construção da identidade judaica é fundamental. No judaísmo, a fé é vivida em conjunto, e a sinagoga, o estudo da Torá em grupo e a celebração das festividades são ocasiões de união que fortalecem o sentimento de pertencimento. A comunidade é o lugar onde a fé é nutrida, onde os valores são compartilhados e onde cada judeu encontra apoio e inspiração para viver de acordo com a Torá. Esse senso de comunidade cria uma rede de solidariedade e de amizade que se estende além da família e que gera um ambiente onde a identidade judaica pode ser transmitida e preservada, mesmo diante das pressões externas.

A prática do Shabat é uma das expressões mais significativas da identidade judaica, um dia em que o judeu se desconecta do trabalho e das preocupações materiais para dedicar-se ao espiritual e ao familiar. O Shabat representa uma pausa sagrada, um tempo em que o mundo físico cede lugar ao espiritual e onde a comunidade judaica, unida, celebra a criação e reafirma a sua relação com Deus. A cada semana, o Shabat renova a identidade judaica, lembrando ao judeu quem ele é e qual é o seu propósito, reconectando-o com os ensinamentos da Torá e com o compromisso de viver uma vida de santidade.

A identidade judaica também se expressa através das festividades, que celebram a história, a fé e a cultura do povo judeu. Festas como Pessach, que relembra a libertação do Egito, e Yom Kipur, o dia de expiação, são momentos de introspecção, de renovação e de reconexão com as raízes judaicas. Essas celebrações não apenas relembram eventos passados, mas conectam o presente ao passado, oferecendo ao judeu a oportunidade de reviver a história de seus antepassados e de refletir sobre seu próprio papel na continuidade dessa herança. Cada festa, cada tradição e cada ritual é um elo que une o judeu ao seu povo e à sua história, fortalecendo a identidade e renovando o compromisso com a missão sagrada.

A identidade judaica é, portanto, uma herança espiritual que é transmitida de geração em geração, um legado que confere ao judeu um sentido de propósito e de continuidade. A transmissão desse legado é uma responsabilidade que recai sobre cada geração, que deve educar os filhos na fé e ensinar-lhes os valores que sustentam essa identidade. A educação no judaísmo é, portanto, uma prática sagrada, pois é por meio dela que a identidade judaica é preservada e que o compromisso com Deus é renovado. Desde cedo, as crianças são ensinadas a respeitar a Torá, a praticar a tzedakah e a honrar o próximo, formando a base de uma identidade que é ao mesmo tempo individual e coletiva.

O idioma hebraico e o estudo dos textos sagrados também são partes essenciais da identidade judaica. O hebraico é mais do que uma língua; é o idioma das escrituras sagradas, o meio pelo qual as palavras de Deus foram transmitidas ao povo judeu. O estudo da Torá e do Talmude não é apenas uma atividade intelectual, mas uma prática espiritual que fortalece o vínculo com Deus e com a tradição. Cada palavra estudada e cada discussão sobre os ensinamentos da Torá é uma forma de conectar-se com a sabedoria acumulada dos antepassados e de fortalecer a própria identidade. O estudo, assim, é visto como um ato de devoção e como uma maneira de vivenciar a identidade judaica.

Por fim, a identidade judaica é uma fonte de resiliência, uma força que sustenta o povo judeu nos momentos de adversidade. A fé e a confiança na providência divina, a esperança de redenção e a expectativa de um mundo onde a paz e a justiça prevaleçam são elementos que nutrem essa identidade e que a mantêm viva em tempos de dificuldade. A identidade judaica é construída sobre a fé em um Deus que acompanha o Seu povo, que ouve suas orações e que guia seus passos. Esta fé é o fundamento de uma identidade que persiste através dos tempos, que supera as perseguições e que se renova a cada geração, um testemunho da aliança eterna com o Criador.

Assim, a identidade judaica é uma expressão de uma missão, de uma tradição e de uma fé inabalável. Ela é o reflexo de uma herança sagrada, de um compromisso que se manifesta na vida cotidiana e nas práticas religiosas, de uma conexão que transcende a individualidade e que une o povo judeu em uma história comum e em um propósito divino. Ser judeu é, em última instância, viver uma vida de significado, de amor e de responsabilidade, uma vida que honra os antepassados e que inspira as futuras gerações a preservar essa identidade e a manter viva a chama da fé.

Capítulo 10
O Papel da Fé e da Prática

No judaísmo, fé e prática não são forças opostas; ao contrário, são dimensões inseparáveis de uma mesma experiência espiritual. A fé no judaísmo não é apenas uma crença interior ou uma aceitação intelectual de princípios sagrados, mas algo que se revela através das ações. Praticar a fé significa trazer a divindade ao cotidiano, transformando os momentos mais simples da vida em expressões de devoção e conexão com Deus. Esse equilíbrio entre fé e prática forma o núcleo da vida judaica, proporcionando ao indivíduo uma estrutura para viver de forma ética, significativa e em constante diálogo com o divino.

A fé judaica é baseada em uma confiança absoluta na aliança que Deus estabeleceu com o povo de Israel. Essa aliança, firmada com os patriarcas e consolidada na revelação do Monte Sinai, é um compromisso que transcende o tempo e se renova a cada geração. Ela exige fidelidade e confiança em Deus, especialmente em tempos de adversidade. A fé, neste contexto, é uma força que sustenta o judeu nas dificuldades, uma convicção de que, independentemente das circunstâncias, Deus está presente e acompanha o Seu povo. No entanto, essa confiança não se limita a um sentimento passivo; ela se manifesta na prática diária, no cumprimento dos mandamentos e na observância da Torá, que são formas de viver essa fé de maneira ativa.

A prática judaica é composta por mitzvot, os mandamentos que Deus revelou ao povo judeu e que orientam todos os aspectos da vida. Cada mitzvá é uma oportunidade de aproximar-se de Deus, de viver de acordo com Sua vontade e de expressar a santidade na vida cotidiana. Esses mandamentos vão desde as leis de pureza e alimentação até o respeito aos pais, o amor ao próximo e a justiça social. Ao cumprir esses mandamentos, o judeu não está apenas obedecendo a regras; ele está materializando a sua fé, transformando-a em ações que refletem a ética e a moralidade divinas. A prática é, portanto, uma extensão da fé, uma forma de tornar o invisível visível, de fazer com que a presença de Deus seja sentida e honrada em cada aspecto da vida.

Um dos exemplos mais profundos dessa união entre fé e prática é o Shabat, o dia de descanso sagrado. Celebrado a cada semana, o Shabat não é apenas uma pausa do trabalho, mas um ato de fé e uma declaração de confiança em Deus. Ao interromper suas atividades mundanas, o judeu afirma que o mundo não depende apenas de seu esforço, mas da providência divina. O Shabat é um tempo de contemplação e gratidão, uma oportunidade para refletir sobre a criação e para dedicar-se ao estudo e à oração. A observância do Shabat é, assim, uma expressão concreta da fé judaica, um lembrete de que a vida tem um propósito maior e de que a presença de Deus permeia o cotidiano.

Outro aspecto central do papel da prática na fé judaica é a oração. A oração, no judaísmo, é uma comunicação direta com Deus, uma prática que permite ao judeu expressar suas emoções, suas necessidades e sua gratidão. O ato de rezar é um exercício de humildade, uma forma de reconhecer a própria dependência do divino e de reafirmar a fé na bondade e na sabedoria de Deus. As orações diárias estruturam a vida judaica, criando momentos de pausa e reflexão, onde o judeu se reconecta com a sua essência espiritual e renova o seu compromisso com Deus. A prática da oração não é apenas uma manifestação de fé, mas uma disciplina que fortalece a relação com o Criador e que reforça o sentido de propósito e de missão.

A Torá também enfatiza o estudo como uma forma de prática espiritual. O estudo da Torá e dos textos sagrados é uma atividade que exige dedicação e empenho, mas que proporciona um conhecimento profundo dos valores e dos princípios que sustentam a fé judaica. No judaísmo, o estudo é visto como um ato de devoção, uma maneira de conectar-se com a sabedoria divina e de aprofundar a compreensão dos mandamentos. Cada sessão de estudo é uma oportunidade de renovação espiritual, um momento para questionar, para refletir e para dialogar com as palavras de Deus. Essa prática não apenas fortalece a fé, mas também prepara o indivíduo para viver de acordo com os preceitos da Torá, cultivando uma vida orientada pela ética e pela responsabilidade.

A prática da tzedakah, ou caridade, é outra forma de vivenciar a fé no judaísmo. A tzedakah é mais do que um simples ato de doação; é uma obrigação moral que reflete a justiça e a compaixão que Deus espera de Seu povo. Ao ajudar o próximo, o judeu manifesta a sua fé em um Deus justo e bondoso e cumpre o seu papel de ser uma "luz para as nações." A prática da tzedakah cria uma conexão entre o doador e o receptor, uma relação de solidariedade que fortalece a comunidade e que transforma a sociedade em um reflexo dos valores divinos. A caridade é, portanto, uma expressão tangível de fé, uma demonstração de que o amor ao próximo é uma extensão do amor a Deus.

Assim, a fé e a prática se entrelaçam para criar uma vida que é ao mesmo tempo espiritual e pragmática. No judaísmo, a espiritualidade não está separada das ações diárias, mas se manifesta em cada gesto, em cada palavra e em cada decisão. A fé não é apenas uma ideia ou um sentimento, mas algo que ganha vida através das ações, através da observância dos mandamentos e do compromisso com a justiça e a verdade. Viver de acordo com a Torá é, para o judeu, a forma mais autêntica de expressar a sua fé, de transformar o mundo ao seu redor e de cumprir a missão de santificar a vida.

Essa integração de fé e prática é o que dá à vida judaica um caráter sagrado, onde o cotidiano se transforma em uma série de oportunidades para honrar a aliança com Deus. Cada mitzvá, cada oração, cada ato de bondade é um passo em direção a uma vida mais próxima do ideal divino. A prática reforça a fé, e a fé dá sentido à prática, criando uma existência onde o humano e o divino se encontram e onde a presença de Deus é sentida em cada detalhe.

Por fim, o papel da fé e da prática no judaísmo é uma fonte de elevação e de propósito. Ao viver sua fé de maneira prática, o judeu encontra um sentido profundo em cada momento e em cada ação. Essa vida de fidelidade à Torá e aos ensinamentos divinos é uma jornada de autoconhecimento e de crescimento espiritual, uma jornada que enriquece não apenas o indivíduo, mas também a comunidade e o mundo. A fé judaica, quando expressa através da prática, torna-se uma força que transforma, que ilumina e que inspira, uma força que mantém viva a chama da aliança e que renova, a cada dia, a conexão com Deus.

Capítulo 11
A Importância da Comunidade

A comunidade ocupa um papel central no judaísmo, onde o indivíduo encontra apoio, partilha suas experiências e vivencia os preceitos da Torá em conjunto. A comunidade judaica é mais do que uma simples reunião de pessoas; é uma força que sustenta a fé, fortalece a identidade e ajuda a perpetuar a tradição. No judaísmo, a vida em comunidade é considerada uma expressão essencial do pacto com Deus, pois representa a união e a solidariedade necessárias para sustentar e fortalecer a fé em todas as gerações. É na comunidade que os judeus encontram apoio para os desafios da vida, e é por meio dela que a continuidade espiritual é mantida.

Desde os tempos bíblicos, a união do povo judeu foi um elemento essencial para a preservação da fé e dos valores judaicos. Ao longo dos séculos, comunidades judaicas foram formadas em diferentes partes do mundo, adaptando-se às culturas locais, mas mantendo um forte vínculo com a tradição. Essas comunidades compartilham não apenas a mesma fé, mas uma herança histórica e cultural, que se expressa na prática da Torá, nas orações, nas festas e no cuidado mútuo. Em cada comunidade, os valores de justiça, compaixão e amor ao próximo são cultivados e se manifestam em ações concretas de ajuda mútua, assistência e solidariedade.

A sinagoga é um dos pilares da vida comunitária judaica. Mais do que um local de oração, a sinagoga é um espaço de encontro, onde o povo judeu se reúne para rezar, estudar e compartilhar experiências. Ali, os indivíduos se tornam uma comunidade e se fortalecem mutuamente em sua jornada espiritual. A sinagoga é também um local de aprendizado, onde os judeus podem estudar a Torá, aprofundar o conhecimento da tradição e discutir os ensinamentos sagrados. Esse ambiente de troca e crescimento fortalece o senso de unidade, criando uma base sólida para a fé e proporcionando um espaço onde cada judeu pode se sentir parte de algo maior.

No judaísmo, o estudo e o ensino são práticas altamente valorizadas, e a comunidade desempenha um papel fundamental na transmissão do conhecimento e na preservação da identidade judaica. As escolas judaicas e as yeshivot (instituições de estudo religioso) são lugares onde jovens e adultos se dedicam ao aprendizado da Torá e dos textos sagrados. Nessas instituições, o estudo é não apenas uma atividade intelectual, mas uma prática sagrada, que ajuda a moldar o caráter e a fortalecer a conexão com Deus. O aprendizado em comunidade permite que o conhecimento seja transmitido de geração em geração, garantindo que os valores e as tradições judaicas permaneçam vivos.

A vida comunitária judaica também se estende ao cuidado e ao apoio mútuo. Nas comunidades judaicas, há uma forte tradição de tzedakah e de gemilut chasadim — a prática de atos de bondade e de caridade. A tzedakah não se limita à caridade material; ela é uma responsabilidade espiritual que envolve o cuidado com o próximo e a construção de uma sociedade justa e solidária. A gemilut chasadim, por sua vez, inclui ações de compaixão e bondade, como visitar os doentes, consolar os enlutados e ajudar aqueles que estão passando por dificuldades. Essas práticas fortalecem a comunidade e demonstram o compromisso dos judeus em viver de acordo com os valores da Torá.

Os ciclos de vida e as festividades judaicas também são vivenciados em comunidade, reforçando a identidade e a coesão entre os membros. Casamentos, bar e bat mitzvot, e celebrações religiosas como Pessach, Shavuot e Yom Kipur são ocasiões que reúnem a comunidade, permitindo que os judeus celebrem e compartilhem esses momentos de forma coletiva. Esses eventos não apenas fortalecem os laços entre os indivíduos, mas também criam um senso de continuidade, onde cada geração sente-se parte de uma longa linhagem espiritual. O apoio da comunidade é essencial nesses momentos, proporcionando um ambiente onde a fé e a identidade podem ser afirmadas e celebradas.

A comunidade judaica também desempenha um papel crucial na preservação da cultura e das tradições. Em cada comunidade, há práticas e costumes que refletem a herança judaica, que são passados de uma geração para outra e que reforçam a conexão com o passado. Em tempos de perseguição e exílio, a comunidade foi a força que permitiu aos judeus preservar sua identidade, mantendo a fé e a tradição vivas mesmo em circunstâncias adversas. Essa capacidade de adaptação e de resistência é uma característica marcante do judaísmo, e a vida comunitária é um elemento fundamental para a resiliência do povo judeu.

A importância da comunidade judaica é refletida também na responsabilidade que cada membro tem em contribuir para o bem-estar coletivo. No judaísmo, o indivíduo não é visto de forma isolada, mas como parte de uma coletividade. Cada membro tem um papel na construção e no fortalecimento da comunidade, seja por meio de suas ações, de sua participação nas celebrações ou de seu compromisso com os valores judaicos. Essa responsabilidade compartilhada cria um ambiente onde cada um é valorizado e onde o apoio mútuo é a base das relações. A vida comunitária é, assim, uma expressão prática do amor ao próximo e da solidariedade.

Em tempos de dificuldade, a comunidade judaica atua como uma fonte de apoio e de conforto. Em situações de doença, luto ou crise, os judeus encontram na comunidade o suporte necessário para enfrentar os desafios. A prática do bikur cholim, que consiste em visitar e cuidar dos enfermos, é um exemplo de como a comunidade judaica expressa sua compaixão e seu compromisso com o bem-estar do próximo. A comunidade é um espaço onde os membros podem compartilhar suas dores, suas alegrias e suas esperanças, criando um ambiente onde a fé e a solidariedade caminham juntas.

A comunidade judaica também desempenha um papel essencial na preservação dos valores éticos e morais. Em um mundo em constante mudança, a comunidade é um espaço onde os judeus podem discutir e refletir sobre questões contemporâneas à luz dos ensinamentos da Torá. As lideranças religiosas e os estudiosos desempenham um papel importante nesse processo, ajudando a interpretar os textos sagrados e a aplicar os princípios judaicos às situações modernas. Essa capacidade de diálogo e de adaptação é o que permite que o judaísmo permaneça relevante e que a comunidade seja um local onde os valores e a tradição possam ser vividos e renovados.

A vida comunitária também é um ambiente de formação e de educação. Através das escolas, das sinagogas e das yeshivot, a comunidade judaica promove o aprendizado e o desenvolvimento espiritual dos jovens. Essa educação não se limita ao estudo dos textos religiosos; ela abrange também os valores éticos e morais que são a base da identidade judaica. A comunidade, assim, é o lugar onde as crianças e os jovens aprendem a importância da fé, do respeito ao próximo e da responsabilidade com a criação. Essa formação prepara as novas gerações para assumirem seu papel na continuidade da tradição e na preservação da aliança com Deus.

Portanto, a comunidade é o coração da vida judaica, o lugar onde a fé encontra expressão e onde o indivíduo encontra força e propósito. A comunidade não é apenas um grupo de pessoas; é uma família espiritual que compartilha uma herança, uma fé e uma missão. Em cada comunidade judaica, a presença de Deus é sentida e honrada, e cada ação e cada palavra são uma expressão de uma longa tradição de amor e de compromisso com o divino. Essa é a essência da vida comunitária no judaísmo: um ambiente de fé, de solidariedade e de devoção, onde cada judeu encontra um lar espiritual e uma fonte inesgotável de inspiração e de esperança.

Capítulo 12
Estudo e Conhecimento Espiritual

O estudo e o conhecimento espiritual são considerados pilares fundamentais do judaísmo, enraizados na crença de que a busca pelo entendimento divino é uma forma de aproximar-se de Deus e de santificar a vida. No judaísmo, o estudo não é apenas um ato intelectual, mas uma prática sagrada, uma jornada espiritual que fortalece a conexão com o divino e orienta a vida com propósito e sabedoria. Desde a antiguidade, o povo judeu valoriza o estudo da Torá e dos textos sagrados como meios de acessar a sabedoria divina e de cumprir a aliança com Deus, que espera que o Seu povo viva em harmonia com Seus ensinamentos.

A Torá, o livro mais sagrado do judaísmo, é o ponto de partida dessa jornada de conhecimento espiritual. Ela é vista como a revelação da vontade de Deus e um guia que cobre todos os aspectos da vida, desde a moralidade até as leis que regem o convívio social. O estudo da Torá é uma forma de meditação e contemplação, uma oportunidade de refletir sobre os mistérios da criação e de se conectar com o Criador. Cada versículo, cada palavra, e até mesmo cada letra da Torá carrega significados profundos que, ao serem explorados, revelam novas camadas de compreensão e permitem que o indivíduo descubra a essência dos ensinamentos divinos.

Além da Torá, os judeus estudam o Talmude, uma coleção de ensinamentos, leis e comentários que elucidam e expandem as leis da Torá. O Talmude representa séculos de sabedoria acumulada, onde os rabinos discutem, interpretam e aplicam as leis e preceitos da Torá às situações práticas e aos dilemas éticos da vida cotidiana. O estudo do Talmude exige dedicação e atenção, pois é um texto que estimula o questionamento, o debate e a análise profunda. Ao estudar o Talmude, o judeu participa de uma tradição milenar de diálogo e de busca pelo entendimento divino, um processo que mantém viva a herança espiritual e a conexão com Deus.

O estudo no judaísmo não é restrito aos sábios ou aos estudiosos; ele é uma prática que se estende a todas as gerações e a todos os membros da comunidade. Desde a infância, os judeus são incentivados a estudar e a aprender, não apenas para adquirir conhecimento, mas para cultivar uma vida de significado e para cumprir o pacto com Deus. A educação das crianças é uma prioridade, pois é por meio do estudo que a identidade judaica é formada e que a tradição é transmitida. O estudo é, portanto, um ato de continuidade e de renovação, que garante que cada geração conheça os ensinamentos da Torá e que possa vivê-los de maneira plena.

O valor do estudo também está ligado à ideia de autotransformação e crescimento espiritual. No judaísmo, o conhecimento não é buscado apenas para se acumular informações, mas para que ele provoque uma mudança interna. O objetivo do estudo é tornar-se uma pessoa melhor, mais ética e mais conectada com Deus. Cada ensinamento da Torá tem o potencial de transformar o coração e a mente, guiando o indivíduo em sua busca por santidade e retidão. O estudo é visto como um meio de refinar o caráter, de aprender a amar o próximo e de cultivar as virtudes que refletem a vontade de Deus.

A prática do estudo também é um antídoto contra a rotina mundana, pois proporciona momentos de elevação e de contemplação. Em meio aos desafios do dia a dia, o estudo permite ao judeu desconectar-se das preocupações materiais e mergulhar em uma realidade espiritual. Cada sessão de estudo é um ato de devoção, onde o indivíduo se desliga do mundo material para concentrar-se nos mistérios divinos. Essa prática eleva a alma e fortalece a fé, pois permite que o judeu experimente a presença de Deus de maneira direta e pessoal. Assim, o estudo é uma prática que enriquece a vida com propósito e sentido, renovando o compromisso com Deus e com a comunidade.

O ambiente de estudo nas yeshivot e nas sinagogas também desempenha um papel importante, pois promove o aprendizado em grupo, o que fortalece a vida comunitária e permite o compartilhamento de ideias e perspectivas. No judaísmo, o estudo é muitas vezes realizado em pares ou em grupos, onde o diálogo e o debate são incentivados. Esse método, conhecido como "havruta," é uma prática que promove a troca de conhecimentos e que permite ao indivíduo ver as escrituras sagradas sob diferentes pontos de vista. O estudo em grupo é uma forma de fortalecer os laços comunitários, pois cada membro contribui com sua visão, enriquecendo a experiência de todos.

Além da Torá e do Talmude, há outros textos sagrados e comentadores que são estudados no judaísmo, como o Midrash, que oferece interpretações alegóricas e histórias que explicam as passagens da Torá, e as obras filosóficas e místicas, como o Zohar, o texto central da Cabala. O estudo da Cabala, a tradição mística do judaísmo, oferece uma visão mais profunda e esotérica dos ensinamentos da Torá e da criação. A Cabala ensina que o universo é um reflexo do divino e que cada ser humano carrega dentro de si uma centelha da divindade. O estudo da Cabala permite ao judeu explorar as dimensões espirituais da fé e aprofundar-se nos mistérios de Deus e da alma humana.

No judaísmo, o estudo é visto como uma forma de oração e de comunicação com Deus. Ao estudar, o judeu não apenas aprende, mas se conecta com a mente divina, uma vez que as palavras da Torá são consideradas sagradas e repletas de poder espiritual. Cada palavra estudada é uma forma de se aproximar de Deus e de abrir o coração para receber Suas bênçãos e orientação. O ato de estudar é, portanto, uma forma de vivenciar a fé e de reafirmar o compromisso com a aliança, um compromisso que exige o conhecimento e a aplicação dos ensinamentos divinos.

A prática do estudo também ajuda o judeu a enfrentar os desafios éticos e morais do mundo moderno. Através dos ensinamentos da Torá e dos sábios, o estudo oferece uma base sólida de valores e princípios que orientam as escolhas e decisões da vida. Em um mundo de rápidas transformações, o estudo proporciona uma âncora de estabilidade e de verdade, um ponto de referência que permite ao judeu manter-se fiel à sua identidade e aos preceitos divinos. O estudo é, assim, uma prática que capacita o judeu a viver de maneira íntegra e a ser um exemplo de retidão e de ética.

O estudo no judaísmo é uma prática contínua que não tem fim, pois a busca pelo conhecimento divino é infinita. Cada nova leitura da Torá revela um novo significado, e cada discussão traz à tona novos insights. A natureza inesgotável do estudo é uma expressão da infinitude de Deus, cuja sabedoria é sempre renovada. A tradição judaica ensina que nunca se deve parar de aprender, pois cada dia é uma oportunidade de crescimento e de aproximação com o divino. Essa visão do estudo como uma jornada sem fim inspira os judeus a dedicar suas vidas ao aprendizado, sabendo que, por meio dele, estão constantemente em busca de uma compreensão mais profunda de Deus e de Seus ensinamentos.

O estudo e o conhecimento espiritual são a base do judaísmo, uma prática que define a fé, molda o caráter e conecta o judeu com Deus e com sua comunidade. O estudo é mais do que uma atividade; é uma expressão de devoção e de amor à Torá e à sabedoria divina. Através do estudo, o judeu encontra o caminho para uma vida de santidade, onde cada dia é uma oportunidade de aprender, de crescer e de renovar o compromisso com a aliança. A prática do estudo fortalece a fé e a identidade, garantindo que a tradição judaica continue viva e que cada geração possa vivenciar a plenitude de uma vida dedicada ao conhecimento e ao serviço de Deus.

Capítulo 13
A Sabedoria Judaica

A sabedoria judaica é uma das heranças mais ricas e duradouras do povo judeu, uma fonte de conhecimento e de orientação que atravessa gerações e que tem moldado tanto a vida individual quanto a coletiva ao longo dos séculos. Essa sabedoria não é meramente intelectual; ela é uma sabedoria prática e espiritual, que emerge das experiências, dos textos sagrados e da tradição, e que orienta os judeus na busca por uma vida virtuosa, justa e significativa. No judaísmo, a sabedoria é vista como um dom divino, um presente que Deus oferece àqueles que buscam viver de acordo com Seus ensinamentos e que se dedicam ao estudo e à compreensão da Torá.

O conceito de sabedoria no judaísmo está profundamente ligado ao temor de Deus, uma atitude de reverência e respeito pela santidade. O "temor a Deus" não se refere a um medo punitivo, mas a uma postura de humildade e de reconhecimento da grandeza divina. A sabedoria, nesse contexto, não é alcançada apenas por meio do intelecto, mas por uma vida de integridade e de devoção. O livro de Provérbios expressa essa ideia ao afirmar que "o temor do Senhor é o princípio da sabedoria" (Provérbios 9:10), sugerindo que a verdadeira sabedoria começa com o reconhecimento da soberania divina e com o compromisso de viver uma vida moral e ética.

Essa sabedoria se expressa de maneira prática nas mitzvot, os mandamentos da Torá, que guiam o judeu em todas as esferas da vida. Cada mandamento é uma instrução que revela um aspecto da vontade de Deus e que orienta o judeu a agir com retidão, bondade e justiça. A sabedoria judaica ensina que as mitzvot não são meros rituais, mas práticas que refinam o caráter e aproximam o indivíduo de Deus. Ao cumprir os mandamentos, o judeu vivencia uma forma de sabedoria aplicada, onde a ética e a espiritualidade se encontram e onde cada ação se torna uma oportunidade de santificação e de conexão com o divino.

Um dos aspectos mais fascinantes da sabedoria judaica é a sua abordagem do estudo e do questionamento. O judaísmo incentiva o estudo profundo e o questionamento constante, valorizando a curiosidade e a busca pelo entendimento. O Talmude, por exemplo, é uma obra que reflete essa tradição de diálogo e de debate. Nele, os sábios discutem, argumentam e apresentam diferentes interpretações das leis da Torá, revelando que a sabedoria judaica é construída com base na pluralidade de perspectivas e na complexidade do pensamento. O processo de estudar e de questionar é, assim, uma forma de aproximar-se de Deus e de explorar as várias facetas da verdade.

A sabedoria judaica também se manifesta nos ensinamentos éticos e morais que orientam o comportamento humano. Esses ensinamentos enfatizam valores como a justiça, a verdade, a humildade, o amor ao próximo e a compaixão. Textos como o Pirkei Avot (Ética dos Pais) são repletos de conselhos práticos para uma vida virtuosa e de reflexões sobre a natureza do ser humano e o propósito da existência. Esses ensinamentos não se limitam a princípios teóricos; eles oferecem uma orientação concreta para o cotidiano, mostrando ao judeu como viver de maneira íntegra, respeitando os outros e contribuindo para o bem comum.

O Pirkei Avot, em particular, é uma coletânea de máximas éticas que contém a sabedoria de antigos rabinos e que aborda questões sobre como lidar com o próximo, como tratar a família, e como servir a Deus de forma autêntica. Entre os ensinamentos, encontram-se frases como "Se eu não for por mim, quem será? Mas se eu for apenas por mim, o que sou?" Esse e outros ditos refletem a busca do equilíbrio entre o bem-estar pessoal e a responsabilidade pelo bem coletivo, ressaltando que a sabedoria envolve a capacidade de pensar além de si mesmo e de agir em benefício da comunidade e do mundo.

No judaísmo, a sabedoria também é vista como uma forma de discernimento, uma habilidade que permite ao indivíduo diferenciar o certo do errado, o justo do injusto. Essa capacidade de discernimento é cultivada através do estudo da Torá e dos textos sagrados, que oferecem os princípios éticos necessários para a tomada de decisões. A sabedoria judaica ensina que, ao longo da vida, cada pessoa enfrentará dilemas e desafios que exigem reflexão e ponderação. A Torá, ao servir como guia, oferece uma base para que o judeu tome decisões alinhadas com os valores divinos e com a missão de viver de forma íntegra e responsável.

A tradição da sabedoria judaica é também uma tradição de transmissão. Ao longo dos séculos, pais e mestres ensinaram as gerações mais jovens, passando adiante o conhecimento e os valores que sustentam a fé e a cultura judaica. A transmissão da sabedoria é uma responsabilidade sagrada, pois é por meio dela que a continuidade da identidade judaica é garantida e que a herança espiritual é preservada. No judaísmo, a educação é vista como um ato de amor e de compromisso com o futuro, um meio de fortalecer a fé e de preparar as novas gerações para viverem de acordo com a Torá e com os princípios éticos que sustentam a tradição.

Além disso, a sabedoria judaica valoriza a humildade, a virtude de reconhecer as próprias limitações e de estar sempre aberto ao aprendizado. O Talmude ensina que "um coração altivo não aprende," ressaltando que o verdadeiro aprendizado só é possível quando há disposição para ouvir e para crescer. No judaísmo, a sabedoria não está em acumular conhecimento, mas em aplicá-lo de forma humilde e compassiva. A humildade permite que o indivíduo se aproxime de Deus, pois é na humildade que se revela o reconhecimento da grandeza do Criador e da pequenez do ser humano diante do mistério da existência.

A sabedoria judaica também engloba uma visão prática da prosperidade e da vida material. O judaísmo ensina que a prosperidade deve ser administrada com responsabilidade e que os recursos materiais são uma bênção que permite ao indivíduo servir a Deus e ao próximo. A sabedoria, nesse sentido, é a habilidade de usar a prosperidade de maneira ética, evitando o orgulho e a ganância e promovendo a justiça e a generosidade. A prática da tzedakah (caridade) é um exemplo de como a sabedoria judaica orienta o uso dos recursos materiais, pois a caridade não é vista como uma opção, mas como um dever moral que enriquece tanto quem dá quanto quem recebe.

Por fim, a sabedoria judaica é uma fonte de consolo e de esperança em tempos de adversidade. A fé na providência divina e a confiança de que Deus é justo e compassivo oferecem ao judeu a força necessária para enfrentar os desafios e para encontrar sentido nas dificuldades. A sabedoria ensina que, mesmo em tempos de dor e sofrimento, é possível crescer espiritualmente e fortalecer a fé. O judaísmo vê cada experiência, positiva ou negativa, como uma oportunidade de aprendizado e de aproximação com Deus, uma chance de desenvolver virtudes como a paciência, a perseverança e a fé.

A sabedoria judaica é uma herança espiritual que transcende o tempo e o espaço, uma fonte de orientação e de inspiração que molda a vida e a identidade do povo judeu. Essa sabedoria, fundamentada na Torá e nas palavras dos sábios, oferece um caminho para uma vida ética, plena e em harmonia com os valores divinos. A busca pela sabedoria é, no judaísmo, uma busca pelo conhecimento de Deus e pelo cumprimento de Sua vontade, uma jornada de autoconhecimento e de crescimento espiritual que enriquece o indivíduo e a comunidade.

Capítulo 14
Tradições e Costumes

As tradições e os costumes são a essência viva do judaísmo, aspectos que permitem que a fé e a identidade judaicas sejam transmitidas de geração em geração. Para o povo judeu, os costumes e as tradições não são apenas rituais ou formalidades; eles representam um elo com a história e com a presença divina que permeia cada aspecto da vida. No judaísmo, as práticas tradicionais são instrumentos de conexão espiritual e de fortalecimento do vínculo com Deus e com a comunidade. Ao seguir essas tradições, os judeus reafirmam sua aliança com o Criador e preservam uma herança sagrada que os conecta com as gerações passadas e com as futuras.

Desde os tempos bíblicos, o povo judeu cultivou costumes que refletem a sua relação com Deus e que reforçam os ensinamentos da Torá. Essas tradições foram desenvolvidas ao longo de séculos e foram transmitidas através de ensinamentos orais e escritos, formando um corpo de práticas que molda a identidade judaica. Cada costume, seja ele observado no âmbito familiar ou comunitário, carrega um significado espiritual profundo, uma lembrança de que a vida judaica é permeada pela presença de Deus e que cada ação pode ser uma expressão de devoção. Para os judeus, a tradição é a estrutura que sustenta a fé e que fortalece a coesão comunitária, proporcionando uma continuidade que ultrapassa o tempo.

Um dos costumes mais importantes no judaísmo é o Shabat, o dia de descanso que ocorre semanalmente, desde o pôr do sol de sexta-feira até o pôr do sol de sábado. O Shabat é uma tradição central, um momento em que os judeus interrompem suas atividades cotidianas para se dedicarem ao espiritual. Durante o Shabat, o trabalho é substituído pela oração, pela meditação e pela celebração em família. É um momento de renovação, em que o judeu se reconecta com Deus e com os seus entes queridos, celebrando a criação e reafirmando a sua aliança com o divino. O Shabat não é apenas uma pausa, mas uma oportunidade de santificar o tempo e de transformar a vida cotidiana em uma experiência sagrada.

Outro costume profundamente enraizado no judaísmo é o estudo da Torá, uma prática que vai além do aprendizado e que é considerada uma forma de serviço a Deus. O estudo da Torá é uma tradição que envolve reflexão, debate e interpretação, uma oportunidade para que cada judeu explore os ensinamentos divinos e se aprofunde na sabedoria espiritual. O ato de estudar a Torá em grupo, em escolas e sinagogas, é uma maneira de fortalecer os laços com a comunidade e de compartilhar a busca pelo entendimento da vontade divina. Esta prática é uma forma de preservar a tradição e de assegurar que o conhecimento e os valores judaicos sejam transmitidos às novas gerações.

As festividades judaicas também são momentos de celebração e de reflexão, ocasiões em que o povo judeu relembra eventos históricos e reafirma o seu compromisso com Deus. Cada festa possui seu próprio significado espiritual e é marcada por costumes específicos, como a leitura de textos sagrados, a preparação de alimentos tradicionais e a realização de rituais que simbolizam a fé e a herança cultural do povo judeu. Pessach, por exemplo, celebra a libertação dos hebreus da escravidão no Egito e é marcado pelo Sêder, uma refeição ritual em que são consumidos alimentos simbólicos que relembram a jornada de liberdade. Essa tradição permite que os judeus se conectem com seus antepassados e compreendam a importância da liberdade e da fé.

Além das festividades religiosas, o calendário judaico inclui celebrações como o Rosh Hashaná, o Ano Novo Judaico, e o Yom Kipur, o Dia do Perdão. Esses dias são momentos de introspecção, em que cada judeu reflete sobre sua vida, seus atos e sua relação com Deus e com o próximo. O Rosh Hashaná é um momento de renovação, em que o povo judeu reafirma sua fé e busca a bênção divina para o novo ciclo que se inicia. O Yom Kipur, por sua vez, é um dia de jejum e de oração, onde o judeu pede perdão a Deus e ao próximo, buscando a purificação espiritual. Essas celebrações são oportunidades de fortalecer a fé e de renovar o compromisso com os valores divinos.

Os costumes alimentares, como a observância do kashrut, são outra dimensão das tradições judaicas que refletem o compromisso com a santidade e a pureza. A dieta kosher, que exclui certos alimentos e combinações, é baseada em preceitos bíblicos e é seguida como uma forma de disciplina espiritual. Para o judeu que observa o kashrut, cada refeição é uma oportunidade de honrar a Deus e de reconhecer a sacralidade da criação. Ao aderir às leis alimentares, o judeu reforça a sua identidade e o seu vínculo com a tradição, transformando o ato de comer em uma prática de elevação espiritual.

Os rituais de iniciação, como o Bar e o Bat Mitzvah, também são momentos marcantes na vida judaica, pois simbolizam a transição para a vida adulta e a aceitação das responsabilidades religiosas. O Bar Mitzvah, para os meninos, e o Bat Mitzvah, para as meninas, são celebrações em que o jovem é chamado a ler a Torá pela primeira vez, marcando o início de seu compromisso com os mandamentos. Esse rito de passagem é uma forma de transmitir a importância da tradição e de integrar as novas gerações à comunidade, incentivando-as a manter a herança judaica viva.

Além desses costumes, a oração diária é uma tradição essencial no judaísmo, pois permite ao judeu conectar-se com Deus em vários momentos do dia. As orações, realizadas ao amanhecer, ao entardecer e à noite, são uma forma de expressar gratidão, de pedir orientação e de reafirmar a fé. A prática de rezar em comunidade, especialmente nas sinagogas, fortalece o sentimento de pertencimento e permite que os judeus compartilhem sua devoção. A oração é, assim, uma tradição que transforma o cotidiano, pois cada palavra recitada é uma lembrança da presença divina e do compromisso com os ensinamentos sagrados.

Os costumes judaicos também incluem a prática da tzedakah, a caridade, que é vista como uma obrigação moral e um dever espiritual. No judaísmo, ajudar o próximo e contribuir para o bem-estar da comunidade são responsabilidades que refletem a ética divina. A prática da tzedakah é uma forma de manifestar o amor ao próximo e de construir uma sociedade justa, onde todos possam viver com dignidade. Para o judeu, cada ato de caridade é uma expressão de compaixão e de solidariedade, um reflexo dos valores que Deus deseja ver manifestados em Seu povo.

As tradições e os costumes judaicos são, portanto, muito mais do que rituais; eles são uma expressão viva da fé, um meio de manter a conexão com Deus e de preservar a identidade coletiva. Esses costumes oferecem uma estrutura para a vida cotidiana, permitindo que cada judeu viva em sintonia com os preceitos da Torá e em harmonia com a criação. Ao seguir essas tradições, o povo judeu honra a sua herança, fortalece a sua fé e constrói uma ponte entre o passado e o futuro, garantindo que os valores e os ensinamentos divinos continuem a iluminar o caminho de cada nova geração.

A continuidade desses costumes e tradições é a base da identidade judaica, um elo que mantém viva a chama da fé e que assegura que cada judeu, em qualquer parte do mundo, possa sentir-se parte de uma história sagrada que atravessa os séculos. Esses costumes são um lembrete constante de que a vida é uma jornada espiritual, onde cada ato, por mais simples que seja, pode se transformar em uma expressão de santidade e de devoção. Ao viver de acordo com as tradições, o judeu não apenas preserva a sua identidade, mas também contribui para a construção de um mundo mais justo e compassivo, um mundo onde a presença de Deus pode ser sentida e honrada em cada detalhe da criação.

Capítulo 15
O Sábado como Aliança

O Shabat, ou sábado, ocupa um lugar especial e sagrado no judaísmo, sendo não apenas um dia de descanso, mas um símbolo profundo da aliança entre Deus e o povo judeu. Observado fielmente a cada semana, o Shabat é um momento de pausa espiritual que transforma o tempo ordinário em sagrado, proporcionando aos judeus uma oportunidade de desconexão do mundo material e de reconexão com o divino. Mais do que um simples ritual, o Shabat é uma expressão viva da fé e da identidade judaica, um compromisso com a criação e uma celebração da aliança que transcende o tempo e conecta cada geração de judeus à origem de sua história espiritual.

A origem do Shabat remonta ao relato bíblico da criação, em que Deus, após criar o mundo em seis dias, "descansou" no sétimo dia e santificou esse tempo. Ao observar o Shabat, os judeus relembram esse ato divino e renovam sua própria aliança com o Criador. Esse descanso semanal é uma oportunidade de imitar a ação divina e de reconhecer que o mundo não depende apenas do trabalho humano, mas da presença contínua e do sustento de Deus. O Shabat, portanto, não é apenas um dia de descanso físico; ele é um símbolo de fé e confiança no Criador, um lembrete de que o ser humano, apesar de seu trabalho e de suas realizações, deve sempre reconhecer a soberania e a bondade de Deus.

O Shabat é marcado por uma série de rituais que distinguem esse dia dos outros dias da semana e que transformam o cotidiano em uma experiência espiritual. A cada sexta-feira ao pôr do sol, as famílias judias se reúnem para dar início ao Shabat com a cerimônia de acendimento das velas. Esse gesto simbólico representa a luz da paz e da santidade que o Shabat traz ao lar. Ao acender as velas, as famílias criam um ambiente de serenidade e de espiritualidade, um espaço onde o material dá lugar ao transcendente e onde a presença de Deus é especialmente sentida.

Outro ritual fundamental do Shabat é a realização das refeições festivas, que começam com o kidush, uma bênção sobre o vinho, que celebra a santidade do dia. Essas refeições não são apenas momentos de alimentação, mas ocasiões de celebração e de gratidão, onde os judeus se reúnem para compartilhar a bênção da companhia e da provisão divina. As refeições do Shabat são uma oportunidade de fortalecer os laços familiares e de vivenciar a alegria da união e da espiritualidade. Durante o Shabat, a mesa torna-se um altar onde a família se encontra e onde a presença de Deus é honrada através da gratidão e da comunhão.

O Shabat também é um tempo de estudo e de oração, em que os judeus dedicam-se a renovar sua conexão com Deus por meio da Torá e das orações comunitárias. Nas sinagogas, as orações do Shabat são especialmente festivas e solenes, refletindo a importância desse dia sagrado. A leitura da Torá, que ocorre durante o Shabat, é um momento de aprendizado e de reflexão, onde a comunidade se reúne para ouvir e meditar sobre as palavras sagradas. Esse estudo em grupo não é apenas uma prática de aprendizado, mas uma forma de elevar a alma e de fortalecer a identidade coletiva do povo judeu. A oração, durante o Shabat, é uma expressão de gratidão, de louvor e de renovação do compromisso com a aliança divina.

Além dos rituais e das orações, o Shabat é marcado pela abstinência de atividades criativas e de trabalho, conhecidas como melachot. Essas restrições, baseadas nas proibições de trabalho durante o Shabat, não têm o objetivo de limitar a liberdade, mas de criar um espaço onde o ser humano possa desligar-se das preocupações materiais e concentrar-se no espiritual. Durante o Shabat, os judeus abstêm-se de atividades como escrever, cozinhar, acender fogo ou utilizar tecnologia, o que lhes permite viver um tempo de simplicidade e de paz, livre das demandas do mundo moderno. Essas proibições são uma forma de honrar o descanso divino e de demonstrar que, no Shabat, o foco é a alma, e não as realizações externas.

O Shabat também é um momento de introspecção e de autoavaliação, uma oportunidade de refletir sobre a semana que passou e de renovar os compromissos espirituais. Esse dia sagrado permite ao judeu distanciar-se das exigências do cotidiano e avaliar suas ações, seu comportamento e sua relação com Deus e com o próximo. A cada Shabat, o judeu tem a oportunidade de recomeçar, de buscar o aperfeiçoamento e de fortalecer a sua fé. Esse ciclo semanal de renovação é uma das razões pelas quais o Shabat é visto como um presente divino, uma bênção que permite ao indivíduo e à comunidade manter-se espiritualmente equilibrados e conectados com o propósito divino.

Para além de sua importância religiosa, o Shabat também promove a harmonia familiar e o fortalecimento dos laços comunitários. Ao reunir-se com a família e com a comunidade, o judeu vivencia a beleza da unidade e da cooperação, valores fundamentais da vida judaica. O Shabat é um tempo em que as diferenças e as dificuldades são deixadas de lado, e onde o foco é a união e o amor. Esse aspecto social do Shabat é uma manifestação do compromisso com a paz e com a solidariedade, e contribui para a construção de uma comunidade mais justa e mais próxima dos valores divinos.

O Shabat é considerado uma antecipação da era messiânica, um tempo futuro de paz e de justiça universal, onde o mundo viverá em completa harmonia com Deus. O descanso do Shabat simboliza esse ideal, uma visão de um mundo onde o trabalho humano se harmoniza com a criação divina e onde a paz e a santidade prevalecem. Cada Shabat é, portanto, uma preparação para esse tempo vindouro, uma lembrança de que a história caminha em direção à redenção e de que a aliança com Deus é eterna e cheia de esperança.

Na tradição judaica, o Shabat é descrito como uma "rainha" ou uma "noiva", simbolizando a beleza, a pureza e a santidade que ele traz para o lar e para a vida. Esse simbolismo expressa a reverência com que o Shabat é recebido e observado, um dia que é tratado com a mesma alegria e respeito que uma celebração nupcial. Essa metáfora reflete o caráter especial do Shabat, um tempo que é sagrado e que exige preparação e dedicação. Ao honrar o Shabat, o judeu demonstra seu amor e sua gratidão por esse presente divino, uma dádiva que enriquece a vida com paz, com propósito e com santidade.

O Shabat é, assim, um dos elementos centrais da identidade judaica, um pilar da fé e uma expressão contínua do compromisso com a aliança divina. Através do Shabat, o judeu vive uma experiência de transcendência, uma elevação espiritual que o fortalece e que o conecta com a essência de sua fé. Cada semana, o Shabat renova o vínculo entre o judeu e Deus, reforçando o compromisso de viver de acordo com os valores e ensinamentos da Torá.

O Shabat é mais do que um dia de descanso; ele é um lembrete da criação, uma expressão de fé e uma renovação do compromisso com Deus. Ele permite ao povo judeu desligar-se do mundo material e experimentar a paz e a plenitude da presença divina. O Shabat é um presente sagrado que, semana após semana, oferece ao judeu a oportunidade de viver uma vida mais plena, mais conectada e mais próxima do ideal divino.

Capítulo 16
Festividades Judaicas

As festividades judaicas são um aspecto vital da vida judaica e têm profundo significado espiritual, cultural e histórico. Cada celebração não apenas marca um evento específico, mas também oferece aos judeus a oportunidade de se reconectar com Deus, com a comunidade e com a sua herança. Essas festas são momentos de reflexão, de renovação e de aprendizado, permitindo que os judeus celebrem as bênçãos divinas e reforcem seu compromisso com os valores e ensinamentos da Torá. Cada uma das principais festividades carrega uma mensagem única, uma lição de vida e um convite para a transformação espiritual e o fortalecimento da identidade.

A festa de Pessach, ou a Páscoa Judaica, é uma das celebrações mais importantes do calendário judaico, marcando a libertação do povo de Israel da escravidão no Egito. Pessach é um tempo para relembrar o sofrimento dos antepassados e celebrar a libertação e a redenção. Durante essa festa, as famílias judias realizam o Sêder, uma refeição ritual em que alimentos simbólicos são consumidos e a história do êxodo é contada. Os elementos presentes no Sêder — como o pão ázimo (matzá), que representa a pressa da fuga, e as ervas amargas, que lembram a amargura da escravidão — são símbolos que ajudam a reviver o passado e a fortalecer o compromisso com a liberdade e a dignidade. Pessach é mais do que uma recordação histórica; é um momento de reflexão sobre a importância da liberdade e da responsabilidade de usá-la para o bem.

Logo após Pessach, Shavuot celebra a entrega da Torá no Monte Sinai, um evento central na tradição judaica, pois representa o momento em que Deus se revelou ao povo de Israel e entregou-lhes Seus mandamentos. Durante Shavuot, é costume estudar a Torá durante toda a noite, relembrando o compromisso do povo judeu com a lei divina. Esse estudo simboliza o desejo de renovação espiritual e a busca constante pelo conhecimento sagrado. Outro costume é a leitura do Livro de Rute, uma história de lealdade e de fé, que reflete o compromisso do povo judeu com a Torá e com a continuidade de sua tradição. Shavuot é, portanto, uma celebração da sabedoria e do aprendizado, onde os judeus reafirmam sua dedicação à Torá como um guia para a vida.

Yom Kipur, o Dia do Perdão, é uma das datas mais sagradas do judaísmo, dedicada à introspecção, ao arrependimento e à purificação espiritual. Nesse dia, os judeus praticam o jejum, abstendo-se de comida e bebida por 25 horas, enquanto participam de orações e reflexões profundas. Yom Kipur é um momento de reconciliação com Deus e com o próximo, uma oportunidade de pedir perdão pelos erros cometidos e de comprometer-se com uma vida de maior retidão e compaixão. O jejum e as orações intensificam o clima de santidade e de humildade, e permitem que o judeu experimente uma profunda purificação espiritual. Yom Kipur é mais do que um dia de penitência; ele é um convite ao autoconhecimento e à renovação, um lembrete de que cada um pode redimir-se e reencontrar o caminho da justiça.

Rosh Hashaná, o Ano Novo Judaico, é celebrado como um tempo de renovação e de avaliação pessoal. É uma festa que marca o início dos Dez Dias de Arrependimento, culminando em Yom Kipur. Durante Rosh Hashaná, os judeus refletem sobre suas ações do ano que passou e fazem votos de viver com mais retidão no ano que começa. Um dos rituais mais simbólicos de Rosh Hashaná é o toque do shofar, uma trombeta feita de chifre de carneiro, cujo som desperta a alma para a reflexão e o arrependimento. A celebração de Rosh Hashaná envolve orações especiais e o costume de consumir alimentos doces, como maçãs com mel, simbolizando o desejo de um ano doce e abençoado. Esse é um momento de introspecção e de esperança, uma ocasião para refletir sobre o propósito da vida e para renovar a fé e o compromisso com Deus.

Sucot, conhecida como a Festa dos Tabernáculos, é uma celebração que relembra a passagem do povo judeu pelo deserto, onde viveu em cabanas temporárias. Durante essa festa, os judeus constroem sucás, cabanas simples onde fazem suas refeições, relembrando a proteção divina durante o êxodo. Sucot também é uma festa que celebra a conexão com a natureza e a gratidão pelas colheitas. Os judeus usam os Quatro Espécies — o etrog (fruta cítrica), a lulav (folha de palmeira), o hadás (folhas de murta) e o aravá (folhas de salgueiro) — em orações, agradecendo a Deus pela fertilidade da terra. Essa festa é uma oportunidade de relembrar a importância da humildade e de reconhecer que a segurança e o sustento vêm de Deus. Em Sucot, os judeus aprendem a valorizar o que têm e a viver em harmonia com o mundo ao seu redor.

Purim é uma festa alegre e vibrante, que celebra a salvação dos judeus do extermínio planejado por Hamã, como narrado no Livro de Ester. Purim é uma celebração da vitória sobre a perseguição e da importância da coragem e da fé. Durante essa festa, é costume ler o Livro de Ester, realizar uma refeição festiva, trocar presentes de alimentos e doar aos necessitados. Purim é um dia de alegria e de união, onde os judeus se lembram da importância da solidariedade e da ajuda mútua. Os costumes de se vestir com fantasias e de celebrar em público reforçam o clima festivo, lembrando que a vida é um dom divino e que cada dia de paz e segurança é motivo de gratidão.

Chanucá, a Festa das Luzes, celebra a vitória dos judeus sobre os invasores gregos e a rededicação do Templo em Jerusalém. Essa festa é marcada pelo acendimento da menorá, o candelabro de oito braços, em memória do milagre do azeite, que durou oito dias em vez de apenas um. Chanucá é uma celebração da liberdade religiosa e da perseverança da fé. Durante os oito dias da festa, os judeus acendem as velas da menorá, acrescentando uma luz a cada noite, simbolizando a vitória da luz sobre as trevas e a força da fé que resiste a toda adversidade.

Chanucá é uma ocasião para refletir sobre a importância da liberdade espiritual e da resiliência da identidade judaica.

    Além das festas mais conhecidas, o calendário judaico é rico em outras celebrações e dias de lembrança, como Tisha B'Av, um dia de jejum que relembra a destruição do Templo de Jerusalém, e Tu Bishvat, o Ano Novo das Árvores, que celebra a conexão com a natureza e a importância da preservação ambiental. Cada uma dessas datas possui seu próprio simbolismo e valor espiritual, proporcionando momentos de reflexão e de renovação, onde os judeus são convidados a vivenciar a fé de forma profunda e significativa.

    As festividades judaicas são, portanto, mais do que comemorações; elas são oportunidades de renovação espiritual e de reaproximação com Deus. Cada festa traz uma mensagem única, uma lição de vida e uma chance de crescer na fé e no entendimento. Ao celebrar essas datas, os judeus vivenciam uma tradição viva, que os conecta com seus antepassados e que os prepara para o futuro. As festividades são um lembrete de que a vida é uma jornada sagrada, e que cada dia é uma oportunidade de celebrar a criação, de agradecer a Deus e de renovar o compromisso com a Torá.

    As festas judaicas também reforçam os laços comunitários, pois são momentos em que a comunidade se reúne para celebrar, rezar e partilhar as bênçãos. Cada festividade é uma expressão coletiva da fé, uma ocasião para fortalecer os vínculos e para apoiar uns aos outros. Através das festividades, o povo judeu encontra inspiração e força para enfrentar os desafios, sabendo que faz parte de uma história sagrada que ultrapassa o tempo e que continuará viva através das gerações.

Capítulo 17
A Ética do Trabalho

No judaísmo, o trabalho é visto como uma forma de serviço a Deus e uma expressão da dignidade humana. O conceito de trabalho no judaísmo vai além da simples obtenção de sustento material; ele é um meio de expressar a criatividade, de cumprir a responsabilidade com a sociedade e de contribuir para o bem comum. Ao trabalhar, o judeu coloca em prática os ensinamentos da Torá, agindo com honestidade, justiça e respeito ao próximo. A ética do trabalho, portanto, não se resume apenas à produtividade, mas abrange uma série de valores morais e espirituais que conferem um sentido mais elevado às atividades do dia a dia.

A Torá enfatiza que o trabalho é uma parte essencial da vida humana. Desde o início da criação, o ser humano foi incumbido de "cultivar e guardar" o mundo, como descrito no Gênesis. Essa incumbência mostra que o trabalho faz parte do propósito divino e que o ser humano tem a responsabilidade de cuidar da criação de Deus. A visão judaica do trabalho, portanto, não vê o labor como uma punição, mas como uma oportunidade de participar da obra divina, de embelezar e de proteger o mundo. Essa perspectiva confere ao trabalho um valor espiritual, transformando-o em uma forma de devoção e de serviço ao Criador.

Uma das premissas fundamentais da ética do trabalho no judaísmo é a honestidade. Os textos sagrados deixam claro que as práticas comerciais e profissionais devem ser conduzidas com integridade. A Torá proíbe o uso de pesos e medidas desonestas e condena o engano e a exploração. A honestidade é vista como um reflexo da santidade e da fidelidade a Deus, e o judeu é chamado a ser justo em todas as suas transações. Ao agir com transparência e sinceridade, o trabalhador judeu não apenas honra seu próximo, mas também demonstra sua reverência a Deus, pois cada ato de honestidade é uma forma de respeitar os princípios divinos.

O respeito pelo próximo é outro valor central na ética do trabalho judaica. O judaísmo ensina que cada pessoa é criada à imagem de Deus e, portanto, possui uma dignidade intrínseca que deve ser respeitada. No contexto do trabalho, isso significa tratar colegas, clientes e subordinados com consideração e justiça. Explorar o trabalhador ou desrespeitar os direitos dos empregados é uma violação dos valores judaicos. A Torá é explícita ao instruir os empregadores a pagar os salários pontualmente e a não oprimir os trabalhadores. Esse respeito pelo próximo reforça a ideia de que o trabalho não é apenas uma transação econômica, mas uma relação onde a justiça e a compaixão devem prevalecer.

O Shabat, o dia de descanso sagrado, é um exemplo da ética do trabalho no judaísmo. O Shabat representa um equilíbrio entre o trabalho e o descanso, um lembrete de que a busca pelo sustento não deve sobrepujar a espiritualidade e o bem-estar. A pausa semanal é uma oportunidade para o trabalhador judeu refletir sobre sua relação com Deus e com o trabalho, reconhecendo que a prosperidade vem da bênção divina e não apenas do esforço humano. Esse ciclo de trabalho e descanso é um princípio ético que assegura a dignidade e o bem-estar de todos, incluindo os trabalhadores, os animais e a própria criação. Ao respeitar o Shabat, o judeu afirma que o trabalho deve estar alinhado com o propósito divino e com a busca pela paz e pela harmonia.

A ética do trabalho judaica também valoriza a responsabilidade social e a justiça econômica. A Torá e o Talmude contêm leis que incentivam a distribuição justa dos recursos e a assistência aos necessitados. A prática da tzedakah, ou caridade, é um componente essencial da vida judaica e da ética profissional. A tzedakah não é vista apenas como um ato de generosidade, mas como uma obrigação moral que visa reduzir as desigualdades e promover uma sociedade mais justa. O judeu é incentivado a compartilhar os frutos de seu trabalho com aqueles que têm menos, contribuindo para o bem-estar coletivo e para o fortalecimento da comunidade.

O respeito pela criação também faz parte da ética do trabalho no judaísmo. O ser humano, ao trabalhar, é chamado a ser um guardião do meio ambiente, evitando o desperdício e o uso irresponsável dos recursos naturais. O conceito de bal tashchit, que significa "não destrua" ou "não desperdice", é um princípio fundamental na Torá e reflete a importância da sustentabilidade. No contexto do trabalho, esse princípio incentiva o cuidado com o planeta e a busca por práticas que respeitem o meio ambiente. Ao adotar uma postura de responsabilidade ecológica, o trabalhador judeu reconhece que o mundo é uma dádiva divina que deve ser preservada para as gerações futuras.

A busca pelo equilíbrio entre o trabalho e a vida familiar é outra dimensão importante da ética do trabalho judaica. A Torá enfatiza a importância da família e a responsabilidade de educar os filhos nos caminhos da Torá. O trabalho, embora necessário, não deve prejudicar o tempo dedicado à família e ao desenvolvimento espiritual. O judaísmo ensina que a verdadeira prosperidade não se resume ao acúmulo de bens materiais, mas inclui paz, harmonia e valores sólidos. Esse equilíbrio é essencial para que o trabalho seja uma atividade que enriqueça a vida sem sacrificar os relacionamentos e o bem-estar pessoal.

Outro valor importante na ética do trabalho é a humildade. O judaísmo ensina que o sucesso no trabalho é uma bênção de Deus e que a prosperidade deve ser recebida com gratidão e modéstia. O orgulho e a ganância são vistos como obstáculos ao crescimento espiritual, pois afastam o indivíduo dos valores divinos e do respeito ao próximo. A humildade permite que o judeu reconheça a sua dependência de Deus e valorize as contribuições dos outros. Essa atitude de humildade no trabalho contribui para um ambiente de cooperação e respeito, onde o sucesso individual é visto como parte do bem-estar coletivo.

A ética do trabalho judaica também valoriza a excelência e a dedicação. O Talmude ensina que "todo trabalho feito com zelo é honroso" e que cada pessoa deve buscar realizar suas tarefas com o máximo de empenho e habilidade. O judaísmo vê o trabalho como uma oportunidade de manifestar a dignidade humana e de contribuir para a melhoria do mundo. A excelência no trabalho é uma forma de honrar a Deus, que deu ao ser humano talentos e habilidades para serem utilizados de maneira produtiva e significativa. Essa busca pela excelência é acompanhada pela responsabilidade ética, garantindo que o trabalho seja realizado de forma justa e respeitosa.

Por fim, a ética do trabalho no judaísmo ensina que o verdadeiro propósito do trabalho é servir a Deus e ao próximo. O trabalho não é um fim em si mesmo, mas um meio de cumprir a missão de santificar o mundo e de promover a justiça. O sucesso material, no judaísmo, é valorizado quando acompanhado pela integridade e pela generosidade, pois o trabalho é visto como uma forma de colaborar com o plano divino e de contribuir para uma sociedade mais justa e compassiva. Esse entendimento transforma o trabalho em uma vocação sagrada, onde cada tarefa, por mais simples que seja, pode se tornar uma expressão de fé e de serviço a Deus.

Em resumo, a ética do trabalho judaica é uma filosofia que valoriza a honestidade, o respeito, a responsabilidade social, a sustentabilidade e a humildade. Ela propõe um equilíbrio entre o trabalho e a vida espiritual, lembrando que o verdadeiro valor do trabalho está em sua contribuição para o bem comum e para o cumprimento dos mandamentos de Deus. Ao seguir esses princípios, o judeu transforma o trabalho em uma prática de santificação e em uma expressão de devoção, criando um mundo onde a justiça e a compaixão prevalecem. A ética do trabalho no judaísmo, portanto, não é apenas uma série de regras, mas uma visão de mundo que orienta o indivíduo a viver de forma íntegra, responsável e conectada com o propósito divino.

Capítulo 18
Prosperidade e Propósito

No judaísmo, a prosperidade é vista como uma bênção que vai muito além da acumulação de riqueza material; ela inclui paz, saúde, harmonia familiar e a realização espiritual. A prosperidade verdadeira, segundo a tradição judaica, não é apenas o que se tem, mas como esses recursos são usados em alinhamento com o propósito divino. Cada bênção recebida é considerada uma oportunidade para cumprir a missão de fazer o bem, de agir com justiça e de contribuir para o bem-estar da comunidade. A prosperidade é uma responsabilidade, um meio pelo qual o judeu pode expressar sua gratidão e participar da obra divina, transformando o mundo em um lugar melhor e mais compassivo.

A Torá e o Talmude apresentam a prosperidade como algo a ser valorizado, mas sempre com cautela, lembrando que os bens materiais são transitórios e que a verdadeira riqueza reside em uma vida de valores e de virtudes. No judaísmo, o trabalho e a busca por sustento são considerados dignos e necessários, e é natural que o judeu deseje prosperidade para si e para sua família. No entanto, esse desejo é orientado por princípios éticos e espirituais, pois a prosperidade não deve afastar o indivíduo dos valores essenciais, mas aproximá-lo de Deus e de sua missão no mundo. Assim, o judaísmo incentiva a busca pelo sucesso de forma honesta, responsável e solidária.

O conceito de prosperidade no judaísmo está profundamente ligado à ideia de shalom, uma palavra que significa "paz", mas que engloba também harmonia, plenitude e bem-estar. Shalom representa um estado de equilíbrio onde todas as áreas da vida estão em harmonia com os princípios divinos. A prosperidade, nesse sentido, é vista como uma extensão do shalom, um estado onde o indivíduo e a comunidade vivem de acordo com os valores de justiça, compaixão e solidariedade. Para o judeu, prosperar é viver em shalom, cultivando uma vida onde o sucesso material é apenas uma parte de um quadro maior de saúde espiritual, de paz interior e de realização do propósito divino.

O judaísmo ensina que o propósito da prosperidade é permitir que o indivíduo cumpra a vontade de Deus e realize seu potencial espiritual e ético. A prática da tzedakah, a caridade, é um exemplo de como a prosperidade pode ser utilizada em conformidade com os valores divinos. A tzedakah não é vista apenas como um ato de generosidade, mas como uma obrigação moral que visa redistribuir os recursos e ajudar os necessitados. Ao compartilhar sua prosperidade com o próximo, o judeu cumpre sua missão de contribuir para uma sociedade mais justa e solidária. Esse princípio transforma a riqueza em uma ferramenta de elevação espiritual, pois cada ato de caridade é uma forma de santificar o mundo e de aproximar-se de Deus.

Outro aspecto importante da visão judaica sobre a prosperidade é a gratidão. No judaísmo, cada bênção recebida é uma oportunidade de agradecer a Deus e de reconhecer que tudo vem do Criador. A prosperidade é vista como uma dádiva divina, uma expressão da bondade de Deus que deve ser recebida com humildade e gratidão. A prática de recitar bênçãos e de expressar gratidão faz parte do cotidiano judaico e ensina que cada sucesso e cada realização são oportunidades de lembrar que o ser humano depende de Deus e que deve honrar as bênçãos recebidas através de ações justas e compassivas.

A humildade é, portanto, um valor central na visão judaica da prosperidade. O Talmude ensina que o orgulho e o apego excessivo aos bens materiais afastam o indivíduo de Deus e obscurecem o verdadeiro propósito da vida. A prosperidade, embora desejável, deve ser acompanhada de modéstia e de uma consciência de que tudo pertence a Deus. A humildade permite que o judeu valorize o que possui sem ser dominado pelo desejo insaciável de acumular bens. Esse equilíbrio entre prosperidade e humildade protege o coração contra a arrogância e o egoísmo, e permite que a riqueza seja utilizada de forma ética e responsável.

A Torá também incentiva o trabalho honesto como uma fonte de prosperidade. O esforço e a dedicação são valorizados como virtudes que refletem a dignidade do ser humano e seu compromisso com o cumprimento dos mandamentos. Ao trabalhar com honestidade e integridade, o judeu transforma o trabalho em uma prática espiritual, uma forma de expressar sua gratidão por suas habilidades e de contribuir para o bem-estar da sociedade. Esse entendimento transforma o trabalho em um meio de prosperar de maneira que esteja em harmonia com a vontade de Deus. O sucesso, assim, não é visto como um objetivo em si, mas como uma consequência natural de uma vida vivida com honestidade e dedicação.

No judaísmo, a família é outro pilar fundamental da prosperidade. A verdadeira prosperidade inclui a harmonia e a felicidade no lar, e o bem-estar da família é considerado uma bênção que transcende os bens materiais. A Torá ensina que a criação de um lar de amor, respeito e espiritualidade é uma das formas mais elevadas de honrar a Deus e de cumprir a missão no mundo. A prosperidade familiar, portanto, não se limita ao conforto material, mas inclui a educação dos filhos, o fortalecimento dos laços familiares e a transmissão dos valores judaicos para as próximas gerações. Esse entendimento da prosperidade familiar revela que a riqueza, para ser completa, deve abranger o desenvolvimento espiritual e emocional da família.

A prática do shalom bayit, ou "paz no lar", é uma expressão da prosperidade familiar e reflete o compromisso de manter a harmonia dentro de casa. O shalom bayit ensina que a verdadeira prosperidade é alcançada quando o lar se torna um ambiente de paz, onde cada membro da família se sente amado e respeitado. A busca pela prosperidade, nesse sentido, é acompanhada de uma preocupação com a qualidade das relações familiares e com a criação de um espaço de respeito e apoio mútuo. A paz no lar é um reflexo do propósito divino e uma expressão de prosperidade que enriquece a vida com alegria e serenidade.

A prosperidade no judaísmo também inclui o crescimento espiritual e o autoconhecimento. A busca pelo sucesso material deve ser equilibrada com a busca por uma vida de virtudes e de proximidade com Deus. A prática do estudo da Torá, das orações e da reflexão espiritual permite ao judeu enriquecer-se interiormente e desenvolver uma perspectiva mais elevada sobre o significado da prosperidade. O crescimento espiritual transforma a maneira como o indivíduo enxerga a riqueza, levando-o a valorizar mais as experiências, os relacionamentos e a contribuição ao bem-estar da comunidade. A verdadeira prosperidade, portanto, é um estado de realização interior que vai além do que se possui e reflete uma vida de propósito e de conexão com o divino.

Por fim, a prosperidade judaica é vista como uma oportunidade de servir e de deixar um legado positivo. O judaísmo ensina que a vida é uma jornada e que o sucesso deve ser utilizado para beneficiar o próximo e para construir um mundo mais justo e mais compassivo. Ao enxergar a prosperidade como um meio de fazer o bem, o judeu cumpre sua missão de ser uma luz para as nações, de transformar a vida ao seu redor e de contribuir para a redenção do mundo. Esse entendimento torna a prosperidade uma expressão do propósito divino, uma bênção que reflete a bondade e a generosidade de Deus.

Em resumo, o judaísmo vê a prosperidade como uma bênção que transcende o material e que se manifesta em todas as áreas da vida. Ela é uma expressão de shalom, uma harmonia que inclui bem-estar físico, emocional e espiritual. A prosperidade é uma oportunidade de agir com justiça, de expressar gratidão e de cumprir a missão de elevar o mundo. Ao viver uma vida de prosperidade em conformidade com os valores da Torá, o judeu transforma cada bênção recebida em uma chance de fazer o bem e de fortalecer sua relação com Deus. A verdadeira prosperidade, no judaísmo, é um estado de paz e de realização que honra o Criador e beneficia toda a criação.

Capítulo 19
A Questão da Generosidade

A generosidade, ou tzedakah, é um dos pilares centrais do judaísmo, uma prática que transcende o simples ato de doar e que está profundamente enraizada nos valores éticos e espirituais da Torá. Mais do que uma obrigação, a generosidade é uma expressão da conexão com Deus e da responsabilidade com o próximo, uma maneira de transformar a fé em ação e de criar um mundo mais justo e compassivo. No judaísmo, a tzedakah não é vista apenas como caridade, mas como um ato de justiça, um dever moral que visa corrigir as desigualdades e promover a dignidade humana.

O termo "tzedakah" em hebraico significa "justiça" ou "retidão", indicando que o ato de dar não é apenas uma escolha generosa, mas uma prática de equidade e de moralidade. A tradição judaica ensina que cada pessoa, independentemente de sua condição social, tem o dever de praticar a tzedakah, pois esse é um caminho para se aproximar de Deus e para honrar o compromisso com os valores divinos. Ao oferecer parte de seus recursos para ajudar aqueles em necessidade, o judeu cumpre sua missão de ser um reflexo da bondade divina e de contribuir para o bem-estar da sociedade como um todo.

A prática da tzedakah é uma forma de reconhecimento de que todos os bens pertencem a Deus e que o ser humano é apenas um administrador temporário dos recursos que possui. Ao compartilhar esses recursos, o judeu expressa sua gratidão a Deus e reafirma a sua fé, reconhecendo que a prosperidade material é uma bênção que deve ser usada para fazer o bem. A tzedakah não é apenas um ato isolado, mas um estilo de vida que transforma a maneira como o judeu lida com seus bens e com suas responsabilidades. A prática constante da generosidade molda o caráter e reforça os valores de humildade, compaixão e justiça.

A tzedakah pode assumir várias formas e se expressar de diferentes maneiras. No judaísmo, a generosidade não se limita à doação de dinheiro; ela inclui o tempo, o cuidado e o apoio emocional oferecidos aos outros. Uma palavra gentil, um gesto de apoio, uma ajuda prática — todos esses atos são considerados formas de tzedakah. A tradição judaica enfatiza que qualquer pessoa pode praticar a tzedakah, independentemente de sua situação financeira. Cada ato de generosidade, por menor que seja, é uma contribuição para a construção de um mundo melhor e uma oportunidade de manifestar o amor ao próximo.

Um dos princípios mais importantes da tzedakah é a dignidade daqueles que recebem ajuda. A tradição judaica ensina que a tzedakah deve ser oferecida de forma que respeite e preserve a honra do beneficiário. O Talmude apresenta a ideia de que o melhor tipo de generosidade é aquele que permite ao necessitado tornar-se autossuficiente, ajudando-o a se reerguer e a se manter por seus próprios esforços. Esse conceito reforça a importância da dignidade e do respeito, lembrando que o objetivo da tzedakah não é criar dependência, mas oferecer apoio e esperança para que cada pessoa possa viver com dignidade e autonomia.

A tradição judaica identifica diferentes níveis de tzedakah, classificados de acordo com o grau de anonimato e de impacto. O nível mais elevado de tzedakah é ajudar alguém a encontrar um emprego ou a criar um meio de subsistência, pois essa forma de ajuda promove a independência e a dignidade. Outra forma elevada de tzedakah é doar anonimamente, de modo que nem o doador nem o receptor saibam um do outro. Esse anonimato garante que o ato de dar seja puro e que o receptor não sinta constrangimento ou vergonha. Esses níveis de tzedakah mostram que, no judaísmo, a intenção e o cuidado com o próximo são tão importantes quanto o ato de doar em si.

A tzedakah desempenha um papel importante nas festividades judaicas, especialmente em ocasiões como o Yom Kipur e o Purim. No Yom Kipur, os judeus são incentivados a praticar a tzedakah como uma forma de arrependimento e de expiação, reforçando o compromisso com uma vida de justiça e de bondade. No Purim, a tzedakah é uma parte essencial da celebração, e os judeus são orientados a oferecer presentes aos necessitados para que todos possam celebrar juntos e com alegria. Essas práticas mostram que a tzedakah é uma expressão de unidade e de solidariedade, onde a alegria e o bem-estar são compartilhados por toda a comunidade.

Outro aspecto fundamental da tzedakah é a importância de ensinar a generosidade às próximas gerações. No judaísmo, a educação para a tzedakah começa na infância, com os pais incentivando os filhos a separar uma parte de seus recursos para ajudar os outros. Essa educação é uma forma de cultivar a compaixão e a responsabilidade social desde cedo, preparando as crianças para uma vida de compromisso com a justiça e com o bem-estar do próximo. A tzedakah é, portanto, uma prática que se transmite de geração em geração, garantindo que a tradição de generosidade e de solidariedade permaneça viva.

Além disso, a tzedakah é uma expressão de confiança na providência divina. Ao compartilhar o que possui, o judeu demonstra sua fé de que Deus continuará a prover e a abençoar sua vida. Esse ato de confiança fortalece a relação com Deus e ensina que a verdadeira segurança não vem dos bens materiais, mas da conexão com o divino e da prática de valores elevados. A generosidade, nesse sentido, é um exercício de desapego e de fé, onde o judeu aprende a colocar a sua confiança em algo maior e a viver de acordo com os ensinamentos sagrados.

A generosidade, portanto, é uma prática que transforma não apenas a vida dos beneficiários, mas também a do próprio doador. Ao exercer a tzedakah, o judeu desenvolve uma visão de mundo mais compassiva, passando a enxergar o próximo com mais empatia e a sentir a responsabilidade de contribuir para o bem comum. A tzedakah é uma fonte de elevação espiritual, pois cada ato de generosidade aproxima o doador de Deus e fortalece sua fé. A prática da tzedakah é uma forma de transformar o coração, de cultivar a humildade e de experimentar a alegria que vem do serviço ao próximo.

A tzedakah também desempenha um papel essencial na construção de uma sociedade mais justa e equilibrada. Ao compartilhar seus recursos, o judeu ajuda a reduzir as desigualdades e a construir uma comunidade onde todos possam viver com dignidade. A prática da tzedakah cria uma rede de apoio e de solidariedade que fortalece a comunidade e promove a coesão social. No judaísmo, a tzedakah não é vista apenas como um ato individual, mas como uma responsabilidade coletiva, onde cada membro da comunidade é chamado a contribuir para o bem-estar de todos.

A generosidade, ou tzedakah, é um valor essencial do judaísmo, uma prática que reflete a justiça, a compaixão e a responsabilidade social. A tzedakah é uma expressão da fé e do compromisso com os ensinamentos divinos, uma forma de viver a Torá de maneira prática e de honrar o próximo. Através da tzedakah, o judeu transforma o mundo ao seu redor e transforma a si mesmo, construindo uma vida de propósito e de conexão com Deus. A generosidade é, portanto, uma fonte de bênçãos e uma oportunidade de participar da obra divina, promovendo um mundo onde a bondade, a justiça e a dignidade prevalecem.

Capítulo 20
O Valor da Educação

No judaísmo, a educação é um dos pilares fundamentais que sustentam a fé e a continuidade do povo judeu. Mais do que um direito, a educação é vista como um dever sagrado, uma prática essencial para fortalecer o entendimento dos valores da Torá e para capacitar cada geração a viver de acordo com os mandamentos divinos. Desde os tempos mais antigos, o povo judeu valoriza o aprendizado e a transmissão do conhecimento, entendendo que a educação é o caminho para a sabedoria, a justiça e o crescimento espiritual. No coração da tradição judaica está a convicção de que cada judeu, independentemente de sua posição social, deve buscar o entendimento da Torá e dos ensinamentos sagrados.

A importância da educação começa com a Torá, o texto sagrado que contém as leis, os princípios e os relatos históricos que formam a base da vida judaica. O estudo da Torá não é apenas uma atividade intelectual, mas uma prática espiritual que conecta o judeu com Deus e com a sabedoria divina. A Torá é considerada a instrução dada por Deus ao Seu povo, um guia para a vida em todas as suas dimensões. O compromisso com o estudo da Torá é, portanto, um compromisso com o desenvolvimento pessoal e espiritual, uma busca contínua pela verdade e pela retidão. Cada sessão de estudo é vista como um ato de devoção, uma forma de aprofundar a fé e de vivenciar a presença divina.

Além da Torá, o estudo do Talmude e de outros textos rabínicos é um aspecto essencial da educação judaica. O Talmude, uma compilação de discussões e interpretações das leis da Torá, é uma obra complexa que exige dedicação e reflexão. O estudo do Talmude é uma prática de questionamento e de análise crítica, onde o aluno é incentivado a debater, a interpretar e a aplicar os ensinamentos às situações da vida cotidiana. Esse processo de aprendizado estimula o desenvolvimento do pensamento lógico e ético, ajudando o judeu a entender não apenas as leis, mas o espírito e os valores que sustentam essas leis. O estudo do Talmude promove uma educação que é tanto rigorosa quanto flexível, capacitando o indivíduo a viver de acordo com os princípios judaicos em um mundo em constante transformação.

A educação judaica não se limita ao estudo religioso, mas valoriza o conhecimento em todas as áreas. A tradição judaica incentiva a busca por saberes que enriqueçam a vida e que ajudem o indivíduo a servir a Deus e ao próximo de maneira mais eficaz. O conhecimento científico, a filosofia e as artes são campos que, quando estudados com a intenção de beneficiar a comunidade e de aprofundar a compreensão do mundo, são vistos como formas de honrar a criação divina. O judaísmo ensina que a mente humana é um dom de Deus e que a capacidade de aprender e de explorar o universo é uma expressão do potencial divino em cada pessoa. Assim, a educação judaica promove uma visão de mundo ampla e integrada, onde o conhecimento secular e o sagrado se complementam e se fortalecem.

O papel da educação na vida judaica é particularmente evidente na importância dada à educação infantil e à formação das novas gerações. Desde cedo, as crianças judias são incentivadas a estudar a Torá e a aprender sobre os valores da fé e da tradição. A educação das crianças é uma prioridade, pois é através delas que a herança judaica é preservada e transmitida. No judaísmo, os pais têm a responsabilidade de ensinar seus filhos nos caminhos da Torá, de guiá-los no entendimento dos mandamentos e de prepará-los para uma vida de compromisso com a justiça e com a espiritualidade. Esse processo educativo é uma expressão de amor e de compromisso com o futuro do povo judeu.

As yeshivot, ou escolas religiosas, desempenham um papel central na educação judaica, oferecendo um ambiente onde o estudo da Torá e do Talmude é o foco principal. Nessas instituições, o aluno é imerso em um ambiente de aprendizado profundo, onde o estudo é visto como uma forma de serviço a Deus e de crescimento pessoal. As yeshivot são espaços de debate, de questionamento e de reflexão, onde os alunos aprendem a interpretar os textos sagrados e a aplicar seus ensinamentos de forma prática e ética. O ambiente de aprendizado nas yeshivot promove o desenvolvimento de uma mente crítica e de um caráter ético, valores que são essenciais para a vida judaica e para o cumprimento da missão de ser uma "luz para as nações."

A educação no judaísmo é uma prática comunitária, onde o aprendizado é visto como um esforço coletivo. Em muitas comunidades, o estudo é realizado em grupo, em pares (havruta) ou em classes, promovendo a troca de ideias e a colaboração. Essa prática de aprendizado coletivo fortalece os laços entre os membros da comunidade e cria um ambiente onde todos podem compartilhar suas perspectivas e aprender uns com os outros. O estudo em grupo é uma expressão de unidade e de solidariedade, onde o conhecimento é visto como um bem compartilhado, algo que deve ser acessível a todos e que contribui para o fortalecimento da fé e da coesão social.

O valor da educação no judaísmo é também um reflexo do compromisso com a justiça e com a igualdade. A tradição judaica ensina que o conhecimento deve ser acessível a todos, independentemente de sua origem ou condição social. A ideia de que cada pessoa tem o direito e o dever de estudar é uma manifestação de respeito pela dignidade humana e pelo potencial divino em cada ser humano. A educação, nesse sentido, é uma forma de empoderamento, um meio pelo qual cada indivíduo pode desenvolver suas habilidades, compreender seu papel no mundo e contribuir para a comunidade de maneira significativa.

A prática do estudo contínuo é um dos aspectos mais inspiradores da educação judaica. No judaísmo, o aprendizado não tem fim; ele é um processo que acompanha o indivíduo ao longo de toda a vida. A busca pelo conhecimento é vista como uma jornada espiritual, onde cada nova descoberta aproxima o judeu de Deus e de Sua sabedoria. O conceito de estudo contínuo reflete a ideia de que a mente humana é capaz de crescimento constante e que cada dia é uma oportunidade para aprender, para refletir e para se aperfeiçoar. Essa busca incessante pela sabedoria é uma expressão de humildade, pois ensina que, independentemente do quanto se aprenda, sempre há algo mais a descobrir e a entender.

O judaísmo também valoriza a sabedoria prática, ou seja, o conhecimento que pode ser aplicado para melhorar a vida do indivíduo e da comunidade. A educação judaica não se limita ao aprendizado teórico; ela busca formar pessoas que vivam de acordo com os valores éticos e que utilizem seu conhecimento para promover o bem-estar coletivo. O objetivo da educação judaica é formar indivíduos que sejam exemplos de integridade, de compaixão e de justiça. Essa sabedoria prática é uma manifestação do propósito divino, pois transforma o aprendizado em uma força que contribui para a construção de uma sociedade mais justa e compassiva.

A educação, portanto, é um dos valores mais elevados no judaísmo, um caminho de desenvolvimento espiritual e de serviço a Deus. Cada momento de estudo é uma oportunidade de aprofundar a compreensão da Torá, de fortalecer a fé e de enriquecer a vida com sabedoria e propósito. Ao valorizar a educação, o judaísmo garante que cada geração esteja preparada para enfrentar os desafios de seu tempo e para continuar a tradição de viver de acordo com os mandamentos divinos. A educação é, assim, uma fonte de esperança e de renovação, uma prática que perpetua os valores e os ensinamentos que sustentam a fé e a identidade judaica.

O valor da educação no judaísmo é uma expressão de fé, de compromisso e de amor pelo conhecimento divino. Através da educação, o judeu encontra um caminho de conexão com Deus, de crescimento pessoal e de serviço à comunidade. A educação é uma prática sagrada que molda o caráter, que fortalece a fé e que prepara cada indivíduo para cumprir seu papel na continuidade da tradição e na construção de um mundo melhor. Ao longo dos séculos, o povo judeu preservou sua identidade e sua herança através do estudo e do aprendizado, garantindo que a chama da fé e do conhecimento continue a iluminar cada nova geração.

Capítulo 21
Família e Transmissão de Valores

A família é o coração do judaísmo e o pilar que sustenta a continuidade da fé e da identidade judaica. No judaísmo, o lar é considerado um santuário, um lugar onde os valores divinos são vividos diariamente e transmitidos às gerações futuras. A família é mais do que uma estrutura social; ela é a base onde a fé é cultivada, onde o amor e o respeito se fortalecem, e onde as tradições são preservadas e transmitidas. Neste contexto, a transmissão dos valores judaicos é uma responsabilidade compartilhada entre pais, avós e toda a comunidade, assegurando que a identidade judaica continue viva, forte e relevante.

A Torá enfatiza a importância de educar as crianças nos caminhos de Deus e de incutir nelas os ensinamentos da fé. Desde o Shemá Israel, a oração que afirma a unidade de Deus, até os mandamentos diários, a Torá incentiva os pais a ensinar seus filhos sobre o amor a Deus e o compromisso com Seus preceitos. Esse processo de educação e transmissão de valores começa cedo, muitas vezes desde o berço, pois é durante a infância que o caráter e a fé começam a ser moldados. No judaísmo, cada gesto e cada palavra dos pais são oportunidades para ensinar lições de vida e para fortalecer o vínculo entre o indivíduo, a família e a tradição.

O conceito de chinuch, que significa "educação" em hebraico, vai além do ensino formal e abrange a orientação espiritual e moral das crianças. No judaísmo, educar uma criança significa prepará-la para uma vida em consonância com os mandamentos da Torá e com os valores éticos e espirituais. Chinuch é uma prática contínua que envolve o desenvolvimento de habilidades, o cultivo da ética e a construção de uma identidade que é profundamente conectada à fé judaica. Esse processo não é apenas uma responsabilidade dos pais, mas também da comunidade como um todo, que se empenha em criar um ambiente onde as crianças possam crescer com a consciência de seu papel na tradição e na sociedade.

O Shabat, o dia de descanso sagrado, é uma oportunidade semanal para fortalecer os laços familiares e para transmitir valores de maneira prática e significativa. Durante o Shabat, as famílias se reúnem, compartilham refeições e participam de orações e rituais que celebram a criação e a presença de Deus na vida cotidiana. Esse tempo em família reforça a importância da união, do respeito mútuo e do compromisso com a tradição. Ao vivenciar o Shabat, as crianças aprendem sobre a santidade do tempo e sobre o valor do descanso e da reconexão com o espiritual. Essa experiência se torna um alicerce para a formação de uma identidade sólida, onde os valores espirituais e familiares se entrelaçam.

Outro momento significativo na transmissão de valores é o Sêder de Pessach, uma refeição ritual que relembra a libertação dos hebreus da escravidão no Egito. Durante o Sêder, os pais e avós contam às crianças a história do Êxodo, transmitindo não apenas um relato histórico, mas também uma lição de esperança, de liberdade e de fé. As crianças são incentivadas a fazer perguntas e a participar da celebração, o que desperta nelas um senso de curiosidade e de conexão com a herança ancestral. O Sêder é um exemplo de como as festividades judaicas servem como ferramentas poderosas para a educação, permitindo que cada geração vivencie e compreenda a importância da liberdade e do compromisso com a justiça.

A Bar e a Bat Mitzvah, cerimônias que marcam a entrada de jovens judeus na maioridade religiosa, são outros momentos significativos na transmissão de valores. Ao completar 13 anos (para meninos) ou 12 anos (para meninas), os jovens são considerados responsáveis por cumprir os mandamentos da Torá e passam a participar plenamente da vida religiosa. A celebração da

Bar e da Bat Mitzvah representa o compromisso pessoal do jovem com sua fé e com os ensinamentos que recebeu de seus pais e de sua comunidade. Esse rito de passagem é um momento de orgulho e de alegria para a família, pois simboliza a continuidade da fé e a responsabilidade de transmitir os valores da Torá para as gerações futuras.

O estudo da Torá e dos textos sagrados é uma prática central na educação familiar judaica. No judaísmo, o estudo não é apenas uma atividade acadêmica, mas um ato de devoção e de conexão com Deus. Muitas famílias judaicas incentivam os filhos a estudar a Torá desde cedo, promovendo a reflexão e o questionamento sobre os ensinamentos sagrados. Esse estudo fortalece a mente e o espírito, e ajuda a criança a desenvolver um senso de identidade e de propósito. O aprendizado em casa é muitas vezes complementado pelo estudo em sinagogas e escolas judaicas, criando uma rede de apoio educacional que reforça os valores da fé e a importância da sabedoria espiritual.

O exemplo dos pais é uma das ferramentas mais poderosas na transmissão de valores. No judaísmo, os pais são incentivados a viver de acordo com os ensinamentos da Torá, pois suas ações e escolhas influenciam profundamente a formação moral e espiritual de seus filhos. A honestidade, a compaixão, a generosidade e o respeito ao próximo são virtudes que, quando demonstradas no cotidiano, ensinam mais do que palavras. Ao praticar esses valores, os pais mostram às crianças o que significa ser um judeu e como os mandamentos da Torá se aplicam na vida diária. Esse exemplo constante é um legado que cada pai e mãe transmite, perpetuando a identidade judaica de maneira autêntica e inspiradora.

A transmissão de valores também é reforçada pela prática das bênçãos e orações diárias. As bênçãos antes das refeições, as orações de agradecimento e os momentos de reflexão são oportunidades para ensinar gratidão, humildade e reverência a Deus. Ao rezar juntos, pais e filhos criam um vínculo espiritual que fortalece o relacionamento familiar e que enraíza na criança a importância de cultivar uma relação com o divino. Esses momentos de espiritualidade no lar oferecem às crianças um espaço seguro para expressar sua fé e para aprender sobre o poder da oração e da devoção.

Outro valor essencial transmitido na família judaica é o compromisso com a tzedakah, a caridade. Desde cedo, as crianças são incentivadas a separar uma parte de sua mesada ou de seus recursos para ajudar os menos favorecidos. A prática da tzedakah ensina compaixão, responsabilidade social e a importância de contribuir para o bem-estar da comunidade. Esse valor de generosidade é um dos pilares da educação judaica, lembrando as crianças de que o propósito da prosperidade é compartilhar e promover a justiça. Ao aprender a importância da tzedakah, as crianças crescem com uma visão de mundo onde a solidariedade e a empatia são partes fundamentais da vida.

A família é, portanto, a primeira e mais importante escola no judaísmo, um espaço onde a fé é vivida, onde os valores são compartilhados e onde cada criança aprende o que significa ser parte do povo judeu. Ao longo dos séculos, o compromisso com a transmissão dos valores familiares preservou a identidade judaica e permitiu que a fé sobrevivesse a adversidades e a períodos de exílio. A família judaica é um refúgio de sabedoria e de amor, um lugar onde cada membro encontra apoio e inspiração para enfrentar os desafios e para viver de acordo com os mandamentos divinos.

A importância da família no judaísmo é uma expressão do compromisso com a continuidade e com a santidade da vida. Através da transmissão de valores de uma geração para outra, o judaísmo permanece vivo e relevante, uma herança que é passada com amor, com cuidado e com fé. A família é o alicerce sobre o qual o povo judeu constrói seu futuro, uma fonte de força e de esperança que assegura que cada nova geração esteja pronta para honrar a aliança com Deus e para viver de acordo com os princípios sagrados que sustentam a tradição judaica.

Capítulo 22
Resiliência e Superação

Ao longo de milênios, o povo judeu enfrentou uma longa e difícil jornada, marcada por perseguições, exílios, opressões e discriminações, mas também por uma impressionante resiliência e capacidade de superação. Em meio a dificuldades que poderiam facilmente ter levado à extinção de sua fé e cultura, os judeus sempre encontraram formas de renovar sua identidade e fortalecer sua fé. A resiliência judaica é um testemunho de uma força espiritual enraizada em princípios de fé, compromisso com a tradição e profunda conexão com Deus. Este espírito de superação é uma característica única do povo judeu, uma capacidade de transformar a adversidade em crescimento e de encontrar esperança mesmo nos momentos mais sombrios.

O conceito de emuná, que significa "fé" em hebraico, é um dos fundamentos dessa resiliência. Emuná não é apenas a crença na existência de Deus, mas uma confiança inabalável em Sua presença e em Sua justiça, mesmo diante das provações mais difíceis. Ao longo das gerações, os judeus mantiveram viva essa confiança, acreditando que Deus tem um plano e que, apesar das dificuldades, eles estão sob Sua proteção. Essa fé se manifesta na certeza de que, por mais dura que seja a situação, há um propósito divino a ser cumprido e que cada provação é uma oportunidade de se fortalecer e de crescer espiritualmente. Emuná oferece consolo, sentido e coragem, permitindo ao povo judeu enfrentar os desafios com uma perspectiva de esperança e de propósito.

A história do povo judeu é marcada por inúmeros episódios de sofrimento e de exílio, mas também por retornos e renascimentos que reafirmam sua ligação com a Terra Prometida e com sua identidade. Desde o cativeiro na Babilônia até a destruição do Templo em Jerusalém, cada dispersão trouxe consigo uma promessa de retorno e uma esperança renovada. A diáspora judaica, que espalhou os judeus por diversas nações, foi vivida com a determinação de preservar a identidade e a fé, e os judeus adaptaram-se às diferentes culturas sem jamais abandonar suas tradições e seus ensinamentos. Esse equilíbrio entre adaptação e preservação foi fundamental para a sobrevivência do povo judeu, que soube se manter unido mesmo em terras estrangeiras, longe de sua pátria.

Um dos episódios mais marcantes e dolorosos da história judaica foi o Holocausto, quando seis milhões de judeus foram exterminados durante a Segunda Guerra Mundial. Esse foi um período de sofrimento inimaginável, em que a fé de muitos foi posta à prova. No entanto, mesmo diante dessa brutalidade, a resiliência do povo judeu se manifestou. Sobreviventes do Holocausto reconstruíram suas vidas, formaram novas famílias e contribuíram para a reconstituição da comunidade judaica. A criação do Estado de Israel, em 1948, foi um marco de superação e de renascimento, simbolizando a vitória da vida sobre a morte e da esperança sobre o desespero. O povo judeu, em vez de sucumbir ao trauma, transformou a dor em força e renasceu das cinzas, reafirmando seu compromisso com a vida e com a continuidade de sua herança.

A oração e a prática religiosa desempenharam um papel essencial na manutenção da resiliência judaica. Durante séculos de perseguições e de dificuldades, as orações mantiveram o povo unido e ofereceram um meio de expressão espiritual e de busca de conforto. As orações diárias, o estudo da Torá e a observância do Shabat são práticas que fortalecem a fé e que permitem ao judeu encontrar paz e significado, mesmo em meio ao sofrimento. Esses rituais são fontes de renovação e de esperança, e ajudam a transformar o sofrimento em uma experiência de crescimento e de conexão com Deus. A prática religiosa é um refúgio espiritual, onde o judeu encontra forças para enfrentar os desafios e para se lembrar de que, por mais sombria que seja a situação, há sempre uma luz divina que o guia.

O valor da comunidade é outro elemento essencial na resiliência do povo judeu. Em todas as épocas e lugares, os judeus formaram comunidades fortes e solidárias, onde cada membro encontra apoio e segurança. A vida comunitária é uma forma de proteção e de suporte emocional, onde cada indivíduo sente-se parte de algo maior e encontra forças para enfrentar as adversidades. A sinagoga, a escola judaica e as instituições comunitárias são espaços onde os judeus podem se reunir, fortalecer sua fé e partilhar suas dores e suas esperanças. Esse senso de pertença e de solidariedade é uma fonte de resiliência, que fortalece a identidade e a união, permitindo que o povo judeu se mantenha firme diante das dificuldades.

A capacidade de superar desafios também está enraizada na tradição judaica de ensino e de aprendizado. Desde a infância, os judeus são incentivados a questionar, a refletir e a buscar respostas. A educação judaica é um processo contínuo de busca por conhecimento e por sabedoria, onde cada pessoa é incentivada a desenvolver uma mente resiliente e aberta. Esse processo de aprendizado estimula o pensamento crítico e a capacidade de adaptação, habilidades que são fundamentais para enfrentar as mudanças e os desafios do mundo. A educação fortalece a resiliência interior e prepara cada judeu para lidar com as adversidades com coragem e com inteligência, sabendo que o conhecimento e a fé são ferramentas poderosas para a superação.

O judaísmo ensina que cada desafio é uma oportunidade de tikun, ou reparação. De acordo com a tradição cabalística, o tikun representa o esforço de cada indivíduo para corrigir o mundo, para contribuir para a cura das dores e das injustiças. A prática do tikun olam, ou "reparação do mundo", é uma forma de responder ao sofrimento com ações positivas, de transformar a dor em um impulso para melhorar a sociedade. Ao adotar essa perspectiva, o povo judeu aprende a enxergar o sofrimento como um chamado para a ação e para a melhoria, transformando o luto e a perda em um compromisso com a justiça e com a bondade.

Essa visão dá ao sofrimento um propósito e um sentido, oferecendo uma maneira de responder aos desafios com compaixão e com determinação.

Outro elemento fundamental na resiliência judaica é a esperança. O judaísmo é uma fé que acredita na redenção, na chegada de uma era messiânica onde o sofrimento será transformado em paz e onde a justiça prevalecerá. Essa esperança messiânica é uma fonte de inspiração e de força, que alimenta o coração e a alma do povo judeu. Ao manter viva a esperança, o judeu encontra forças para seguir adiante, para suportar as dificuldades e para acreditar em um futuro melhor. Essa esperança não é passiva; ela é uma esperança ativa, que inspira a agir e a buscar a transformação do mundo. A fé na redenção final é um lembrete de que o sofrimento é temporário e de que, um dia, a paz e a justiça prevalecerão.

A capacidade de resiliência do povo judeu é, em última análise, um testemunho de sua conexão com Deus e de seu compromisso com a vida. A tradição judaica ensina que a vida é sagrada e que cada indivíduo tem o dever de preservá-la e de enaltecê-la. Esse amor pela vida é uma força que impulsiona o povo judeu a seguir adiante, a reconstruir e a encontrar alegria, mesmo após as maiores tragédias. A resiliência judaica é uma manifestação do amor pela criação e pela continuidade, uma expressão de uma fé que transcende o sofrimento e que encontra força na certeza de que a presença divina está sempre próxima.

A resiliência e a superação são características fundamentais do povo judeu, expressões de uma fé profunda e de uma ligação inquebrantável com Deus. Ao longo da história, o povo judeu demonstrou uma capacidade única de transformar o sofrimento em força e de renascer diante das adversidades. A resiliência judaica é uma inspiração não apenas para os judeus, mas para todos que buscam encontrar sentido e esperança em tempos difíceis. É uma prova de que a fé, o amor e a comunidade podem superar qualquer obstáculo, transformando cada desafio em uma oportunidade de crescimento e de renovação espiritual.

Capítulo 23
Leis de Pureza e Espiritualidade

As leis de pureza no judaísmo são mais do que normas de conduta ou regras de comportamento; elas representam um caminho de elevação espiritual, uma prática que busca manter a alma e o corpo em harmonia com os princípios divinos. Essas leis, que abrangem desde regras alimentares até rituais de purificação pessoal, promovem uma vida que esteja em sintonia com a santidade e a pureza. A pureza, no contexto judaico, não é apenas uma condição física, mas um estado de consciência e de proximidade com Deus, uma maneira de cultivar o autocontrole e de viver com respeito e reverência pelas instruções sagradas.

As leis de pureza estão fundamentadas no conceito de kedushá, ou santidade. A Torá instrui o povo judeu a ser santo, pois Deus é santo. Esse chamado à santidade exige uma vida de cuidado, de respeito e de obediência às leis divinas, estabelecendo uma distinção entre o sagrado e o profano. Para o judaísmo, a pureza é um reflexo da santidade, e as leis de pureza são práticas que permitem ao judeu manter essa santidade em seu cotidiano. Ao cumprir essas leis, o judeu se recorda de sua relação com Deus e de seu compromisso com uma vida de espiritualidade e de retidão.

Uma das leis mais conhecidas e seguidas no judaísmo é a kashrut, o conjunto de leis alimentares que define quais alimentos são permitidos e quais são proibidos para o consumo. Alimentos considerados kosher são aqueles que estão de acordo com essas leis, enquanto os não-kosher, ou trefá, são proibidos. O processo de separação entre o que é permitido e o que é proibido promove uma disciplina que transforma o ato de comer em uma prática espiritual. A kashrut lembra ao judeu que seu corpo é um templo sagrado e que sua alimentação deve refletir sua reverência pela criação e sua obediência às instruções divinas.

A lei da kashrut também exige que certos tipos de alimentos, como carne e laticínios, não sejam misturados. Esse princípio de separação, conhecido como basar vechalav, reforça a ideia de que a pureza envolve limites e autocontrole. Para o judaísmo, essas distinções são uma forma de respeito pelos diferentes aspectos da criação e uma maneira de cultivar a espiritualidade através do autocontrole. Separar carne e leite não é apenas uma questão de restrição alimentar; é um exercício de disciplina espiritual, onde o judeu é convidado a refletir sobre os valores que orientam sua vida e a transformar o ato de se alimentar em uma expressão de fé.

Outro conjunto importante de leis de pureza são as leis de niddah, que tratam da pureza familiar e que envolvem a relação conjugal. Essas leis regulam o contato físico entre marido e mulher durante certos períodos e exigem rituais de purificação, como a imersão no mikveh, um banho ritual. O mikveh é um elemento central na prática da pureza, sendo um símbolo de renovação e de conexão espiritual. A imersão no mikveh representa uma transição, uma purificação da alma e do corpo que permite ao indivíduo voltar a se aproximar de Deus. Para o casal, o cumprimento dessas leis fortalece a relação e confere um significado sagrado ao relacionamento, lembrando-os de que sua união é uma parte fundamental de sua missão espiritual.

As leis de niddah também promovem o respeito e a dignidade dentro do casamento, lembrando ao casal que a intimidade não é apenas uma expressão física, mas um ato espiritual. Ao seguir essas leis, o casal fortalece a santidade de seu relacionamento e cultiva uma relação de respeito mútuo e de elevação espiritual. Essa prática de autocontrole e de respeito cria uma base sólida para a vida familiar e promove um ambiente de amor e de harmonia, onde cada momento de união é vivido com propósito e com reverência à presença divina. As leis de pureza familiar, portanto, não são vistas como restrições, mas como práticas que enobrecem e santificam a relação conjugal.

A pureza no judaísmo também inclui práticas de autocontrole e de disciplina em outras áreas da vida, como a fala e o pensamento. O judaísmo ensina que a palavra tem poder, e que cada palavra proferida tem um impacto espiritual. As leis de lashon hara, que proíbem a difamação e a fofoca, são exemplos de como a pureza envolve também o controle da fala. Ao evitar falar negativamente sobre o próximo, o judeu mantém a pureza de seu coração e promove a paz na comunidade. Essas leis refletem a crença de que a pureza espiritual não é apenas uma condição individual, mas algo que se manifesta nas relações interpessoais e que contribui para a harmonia social.

O conceito de tahará, que significa pureza ritual, é outra dimensão importante das leis de pureza. A tahará está associada aos rituais de purificação que restauram o estado de pureza após determinadas condições, como o contato com a morte ou com certas condições físicas. No judaísmo, a morte é vista como uma transição sagrada, mas também como uma fonte de impureza ritual. Os rituais de purificação, como o uso do mikveh, permitem ao indivíduo se purificar e retomar seu estado de pureza espiritual. Esses rituais são lembranças de que a vida e a morte fazem parte do ciclo da criação e de que a pureza é uma prática que deve ser renovada constantemente.

A prática das leis de pureza também promove a saúde e o bem-estar, pois muitas das instruções da Torá, como as leis alimentares, refletem uma preocupação com a saúde física. A pureza no judaísmo não se limita ao espiritual; ela inclui o cuidado com o corpo e com a mente, promovendo um estilo de vida saudável e equilibrado. Ao observar essas leis, o judeu não apenas mantém sua pureza espiritual, mas também cuida de sua saúde, respeitando o corpo como uma criação divina. Esse cuidado com o corpo e com a mente é uma expressão de gratidão a Deus e de respeito pela vida.

As leis de pureza, portanto, oferecem ao judeu uma maneira de viver que está em harmonia com os princípios divinos e que promove uma vida de espiritualidade e de autocontrole. Cada uma dessas leis é uma oportunidade de se aproximar de Deus, de renovar a fé e de cultivar a pureza interior. A prática dessas leis é uma jornada contínua de crescimento e de autoconhecimento, onde o judeu encontra força e inspiração para superar os desafios e para viver de acordo com os valores que refletem a santidade e a dignidade.

As leis de pureza no judaísmo são mais do que regras; elas são caminhos para uma vida de elevação espiritual e de conexão com o divino. Ao observar essas leis, o judeu transforma cada aspecto de sua vida em uma expressão de santidade e de respeito pela criação. A pureza não é apenas uma condição; ela é uma prática que deve ser cultivada diariamente, uma maneira de viver que honra a presença de Deus e que eleva a alma. Através dessas leis, o judaísmo oferece uma visão de mundo onde a pureza e a espiritualidade são inseparáveis, um convite para que cada indivíduo viva em harmonia com os princípios sagrados e com o propósito divino que orienta a criação.

Capítulo 24
Fé em Tempos de Adversidade

No judaísmo, a fé é uma âncora que sustenta o povo judeu em momentos de adversidade. Em épocas de sofrimento, incerteza ou perda, a fé judaica oferece conforto, direção e uma sensação de proximidade com Deus. Mais do que uma crença abstrata, a fé no judaísmo é uma força ativa, uma prática que permite enfrentar desafios e cultivar resiliência. Nos momentos mais sombrios, quando a razão e a lógica podem falhar, a fé permanece como um farol que ilumina o caminho, oferecendo esperança e uma conexão íntima com o divino. Essa fé inabalável tem sido essencial para a sobrevivência e continuidade do povo judeu ao longo dos séculos.

O conceito de bitachon, que significa "confiança em Deus", é fundamental para a fé judaica em tempos de adversidade. Bitachon vai além da crença na existência de Deus; é uma confiança profunda de que Deus está presente, que Ele é justo e que tudo ocorre de acordo com Seu plano. Essa confiança oferece paz interior e segurança mesmo quando os eventos são incertos ou difíceis. Para o judeu, saber que Deus é a fonte de tudo e que Ele guia os acontecimentos permite enfrentar cada provação com serenidade. Bitachon não elimina o sofrimento, mas muda a maneira como ele é vivenciado, permitindo ao judeu encontrar um propósito e uma razão para continuar firme, independentemente das circunstâncias.

A história do povo judeu é repleta de momentos de adversidade que poderiam ter abalado a fé e o espírito, mas em vez disso, cada desafio se tornou uma oportunidade de fortalecer a fé e de reafirmar o compromisso com os ensinamentos da Torá.

Desde os tempos do exílio na Babilônia até o Holocausto, passando por séculos de perseguição, o povo judeu enfrentou tragédias inimagináveis, mas manteve sua identidade e sua esperança. Esse testemunho de resistência demonstra que a fé judaica não se baseia na ausência de dificuldades, mas sim na capacidade de encontrar sentido e de transformar o sofrimento em uma jornada de crescimento espiritual.

As orações desempenham um papel central no fortalecimento da fé em tempos de adversidade. No judaísmo, a oração é uma forma de diálogo com Deus, um momento em que o indivíduo pode expressar suas dores, seus medos e suas esperanças. O Livro dos Salmos, por exemplo, contém várias orações de lamentação e de clamor, que expressam angústia e pedidos de ajuda. Essas orações são poderosas porque validam o sofrimento, reconhecendo-o como parte da experiência humana, ao mesmo tempo em que oferecem uma oportunidade de buscar consolo e força em Deus. Ao recitar os Salmos ou outras orações, o judeu encontra um meio de processar a dor e de canalizar suas emoções, transformando o sofrimento em uma expressão de fé.

Outro aspecto fundamental da fé judaica em tempos difíceis é o conceito de teshuvá, que significa "retorno" ou "arrependimento". Durante momentos de adversidade, o judeu é incentivado a refletir sobre sua vida, sobre suas ações e sobre sua relação com Deus. A teshuvá não é apenas uma maneira de pedir perdão; é um processo de autoavaliação e de realinhamento espiritual. Esse retorno ao caminho da retidão é uma forma de fortalecer a fé e de reestabelecer a conexão com o divino, lembrando que, independentemente das circunstâncias, Deus está sempre disposto a acolher aqueles que buscam Sua presença com sinceridade e arrependimento. A teshuvá, portanto, transforma a adversidade em uma oportunidade de renovação espiritual.

O estudo da Torá e dos ensinamentos sagrados também é uma fonte de conforto e de fortalecimento da fé. Nos momentos de dor, o estudo permite ao judeu encontrar respostas, exemplos e inspirações que reforçam sua confiança em Deus. A Torá contém histórias de figuras como Jó, Abraão e Moisés, que enfrentaram provações e superaram momentos de grande sofrimento. Esses exemplos mostram que a fé é um caminho de resiliência e de superação. Ao estudar essas histórias e ao refletir sobre os ensinamentos dos sábios, o judeu encontra uma base sólida sobre a qual pode se apoiar, mesmo quando tudo ao redor parece instável.

A comunidade também exerce um papel essencial na sustentação da fé em tempos de adversidade. No judaísmo, a dor e o sofrimento não são enfrentados sozinhos; a comunidade está presente para oferecer apoio emocional, espiritual e material. Quando um membro da comunidade passa por uma dificuldade, seja uma doença, uma perda ou uma crise, os outros membros se unem para oferecer consolo e ajuda. Esse senso de solidariedade fortalece a fé coletiva e individual, criando um ambiente onde o sofrimento é compartilhado e onde a esperança é renovada. A comunidade judaica é um refúgio, um lugar onde a fé é fortalecida pela presença e pelo cuidado de outros que também compartilham as mesmas crenças e valores.

O Shabat, o dia sagrado de descanso, também é um momento em que a fé se renova e em que a adversidade é colocada em perspectiva. Durante o Shabat, o judeu deixa de lado as preocupações e se concentra em sua relação com Deus e com sua família. Esse tempo de pausa permite que o indivíduo se desconecte das pressões e encontre paz e serenidade. O Shabat é uma lembrança de que, apesar das dificuldades, há sempre um espaço para a tranquilidade e para a celebração da vida. A cada semana, o Shabat oferece uma oportunidade de fortalecimento da fé, de reflexão e de reconexão com os valores espirituais, ajudando o judeu a enfrentar a adversidade com uma perspectiva renovada.

A tradição judaica ensina que o sofrimento tem o poder de purificar e de elevar a alma. Esse conceito não nega a dor, mas atribui a ela um propósito transformador. Em tempos de adversidade, o sofrimento é visto como uma oportunidade para o crescimento interior, uma chance de fortalecer a fé e de refinar o caráter. Esse entendimento não implica passividade, mas sim uma aceitação ativa, onde o judeu enfrenta as dificuldades com a certeza de que elas contribuem para sua evolução espiritual. Essa visão oferece um senso de propósito, uma certeza de que cada desafio enfrentado fortalece a alma e aproxima o indivíduo de Deus.

A esperança messiânica, a crença de que um dia o mundo será transformado em um lugar de paz e de justiça, também é uma fonte de força em tempos de adversidade. O judaísmo ensina que, independentemente das dificuldades atuais, o futuro reserva um tempo de redenção, onde o sofrimento será eliminado e onde a paz prevalecerá. Essa esperança é um alicerce para a fé, lembrando ao judeu que a dor e o sofrimento são temporários e que a jornada humana tem um fim positivo. A visão de um futuro redentor proporciona força e determinação, permitindo ao judeu resistir às dificuldades com a certeza de que há um propósito maior em tudo que acontece.

A fé em tempos de adversidade é uma das expressões mais profundas e poderosas do judaísmo. A confiança em Deus, a prática das orações, o apoio da comunidade e a esperança na redenção final são pilares que sustentam o povo judeu diante dos desafios. O judaísmo ensina que a adversidade não é o fim, mas um convite ao fortalecimento da fé, ao crescimento interior e à aproximação com o divino. Ao viver essa fé ativa e inabalável, o judeu transforma cada momento de dor em uma oportunidade de conexão com Deus, em um caminho de resiliência e de renovação espiritual.

Capítulo 25
O Papel da Oração

No judaísmo, a oração é uma das práticas mais centrais e profundas, uma forma de comunicação direta e íntima com Deus. Mais do que uma recitação de palavras, a oração é um ato de conexão espiritual, onde o indivíduo expressa gratidão, pedidos, arrependimentos e reflexões. Ela permite que o judeu eleve sua alma, reconheça a presença de Deus em sua vida e fortaleça sua fé. A oração ocupa um lugar essencial na vida diária, servindo como uma bússola que orienta os pensamentos, as emoções e as ações, e oferecendo um espaço sagrado para o indivíduo buscar consolo, inspiração e propósito.

A prática da oração remonta aos tempos dos patriarcas bíblicos. Abraão, Isaac e Jacó, considerados fundadores da tradição judaica, foram homens de oração que estabeleceram uma relação direta com Deus através de suas súplicas e de seus diálogos espirituais. Segundo a tradição, Abraão instituiu a oração da manhã (Shacharit), Isaac a oração da tarde (Minchá), e Jacó a oração da noite (Arvit). Essas orações diárias continuam a ser praticadas até hoje, simbolizando um ciclo de devoção contínuo e lembrando que, em cada momento do dia, há uma oportunidade de se conectar com o divino. Essa conexão com os patriarcas enraiza a prática da oração na própria identidade do povo judeu, transformando-a em uma herança espiritual que se estende através das gerações.

A oração no judaísmo não é apenas uma expressão individual, mas também uma prática comunitária. Muitas orações são recitadas em minian, um grupo de pelo menos dez judeus adultos, o que reforça o valor da comunidade e da unidade espiritual. Ao orar juntos, os judeus fortalecem sua fé coletiva e criam uma atmosfera de solidariedade e de apoio mútuo. Esse aspecto comunitário da oração simboliza a crença de que cada indivíduo é parte de algo maior, que sua voz se une a outras para formar uma sinfonia de fé e devoção. O minian é um lembrete de que a oração judaica transcende o individual e fortalece a conexão entre cada pessoa e a coletividade.

Uma das orações mais importantes e conhecidas no judaísmo é o Shemá, que afirma a unicidade de Deus. O Shemá é uma declaração de fé central, recitada diariamente e também em momentos especiais, como no Shabat e nas festividades judaicas. As palavras do Shemá — "Ouve, ó Israel, o Senhor nosso Deus, o Senhor é Um" — expressam o compromisso com a crença monoteísta e a dedicação total a Deus. Essa oração é uma maneira de reafirmar a fé e de lembrar ao judeu que sua vida deve ser orientada pela presença divina. O Shemá é recitado com profunda devoção e simboliza o vínculo eterno entre o povo judeu e Deus, um vínculo que resiste ao tempo e que se fortalece com cada geração.

Outra oração significativa é a Amidá, também conhecida como Shmoneh Esrei. A Amidá é uma oração de 19 bênçãos, recitada em silêncio, na qual o indivíduo louva, agradece e pede a Deus por orientação e proteção. Essa oração é central na liturgia judaica e é recitada três vezes ao dia, no Shacharit, Minchá e Arvit. A Amidá é um momento de introspecção e de entrega, onde o judeu encontra um espaço para refletir sobre sua vida e para renovar seu compromisso com Deus. A posição em pé durante a Amidá simboliza reverência e respeito, e o silêncio permite que cada pessoa se conecte profundamente com sua espiritualidade, estabelecendo uma comunicação sincera e pessoal com o Criador.

A prática das bênçãos, ou brachot, é outra forma essencial de oração no judaísmo. Antes de comer, beber, realizar atividades diárias ou até mesmo após experimentar algo extraordinário, o judeu recita uma bênção, reconhecendo que tudo vem de Deus. Essas bênçãos transformam ações cotidianas em momentos de conexão espiritual, lembrando que Deus está presente em cada aspecto da vida. A prática das brachot ensina gratidão, cultivando uma consciência constante das bênçãos que cada indivíduo recebe. Ao recitar uma bênção, o judeu exprime sua gratidão e seu respeito pelo mundo ao seu redor, transformando a vida diária em uma série de atos sagrados que refletem a presença divina.

A oração judaica também serve como um meio de autorreflexão e de crescimento pessoal. Nas orações diárias, há momentos de arrependimento e de pedido de perdão, onde o judeu reconhece suas falhas e busca se reconciliar com Deus e consigo mesmo. Esse aspecto de arrependimento é particularmente enfatizado no período de Yom Kipur, o Dia da Expiação, quando a comunidade judaica se reúne para buscar o perdão divino e renovar seu compromisso com a retidão. A oração oferece um espaço para a autoavaliação e para o desenvolvimento espiritual, incentivando cada indivíduo a corrigir seus erros e a buscar uma vida mais alinhada com os valores e ensinamentos da Torá.

O Kaddish, uma oração de louvor a Deus, é recitado em memória dos falecidos e é uma prática que proporciona consolo e continuidade espiritual. O Kaddish não fala diretamente da morte, mas glorifica a santidade de Deus, destacando a fé e a aceitação do ciclo da vida. Ao recitar o Kaddish em homenagem a entes queridos que partiram, o judeu expressa sua confiança na eternidade da alma e em um propósito divino que transcende a vida terrena. Essa oração é uma fonte de conforto para aqueles que estão em luto, lembrando-os de que Deus permanece próximo em todos os momentos, e que a fé oferece paz mesmo diante da perda.

As orações também desempenham um papel importante na transmissão dos valores e das tradições judaicas para as próximas gerações. Ao ensinar os filhos a recitar o Shemá, a fazer as brachot ou a participar das orações comunitárias, os pais transmitem a fé e a cultura judaica, fortalecendo a identidade e a conexão com a tradição. O ato de orar juntos, como família e como comunidade, cria laços profundos e duradouros, oferecendo uma fundação espiritual que sustenta a vida familiar e que fortalece a coesão da comunidade. A oração se torna, assim, um elo entre as gerações, uma prática que mantém a chama da fé acesa e que assegura a continuidade da herança judaica.

O papel da oração no judaísmo também inclui a busca por orientação e por propósito. Em momentos de incerteza ou de dúvida, o judeu recorre à oração para buscar clareza e para pedir a ajuda de Deus na tomada de decisões importantes. A oração é uma maneira de buscar a sabedoria divina e de alinhar-se com o propósito de Deus. Essa prática ensina humildade, lembrando que o ser humano depende da orientação e da proteção divina para trilhar seu caminho com integridade e com retidão. A oração, assim, é uma fonte de força e de direcionamento, um recurso que o judeu utiliza para encontrar paz e para guiar seus passos de acordo com a vontade de Deus.

A prática da oração no judaísmo, portanto, vai muito além das palavras; ela é uma forma de cultivar a presença divina em cada aspecto da vida, uma maneira de fortalecer a fé e de renovar a ligação com a comunidade e com a tradição. A oração é uma expressão da alma, uma resposta ao chamado de Deus e uma busca por conexão, por consolo e por direção. Ao orar, o judeu não apenas reafirma sua fé, mas também transforma sua vida em uma expressão contínua de devoção e de gratidão. Através da oração, cada momento se torna sagrado, cada ato se torna significativo, e a vida se transforma em uma jornada de proximidade com o divino.

Capítulo 26
Estabelecendo Alvos Espirituais

No judaísmo, a busca por crescimento espiritual é uma jornada contínua, e estabelecer alvos espirituais é uma prática essencial para avançar nessa caminhada. Estes objetivos são mais do que metas; são compromissos de vida que guiam o indivíduo rumo a uma existência plena, conectada com os valores da Torá e com a missão divina. A prática de estabelecer alvos espirituais reflete a crença judaica de que cada pessoa tem o potencial de se aprimorar constantemente, de transformar-se e de aproximar-se de Deus. Cada meta espiritual é um convite para refinar o caráter, fortalecer a fé e viver de maneira mais íntegra e significativa.

A primeira etapa ao definir alvos espirituais é a autoavaliação. No judaísmo, o conceito de cheshbon hanefesh, ou "balanço da alma", refere-se a um exame honesto e profundo da vida espiritual, onde a pessoa reflete sobre suas ações, seus pensamentos e seus relacionamentos. Esse processo é especialmente incentivado antes do Yom Kipur, o Dia do Perdão, mas é uma prática que pode ser realizada a qualquer momento. Através do cheshbon hanefesh, o judeu identifica áreas em que pode crescer e melhorar, preparando-se para estabelecer metas que estejam alinhadas com os ensinamentos divinos. Esse balanço da alma é uma prática que promove a consciência e a humildade, ensinando que o crescimento espiritual exige autocrítica e disposição para a mudança.

A Torá serve como guia fundamental na definição de alvos espirituais, oferecendo ensinamentos que orientam o comportamento e as prioridades. Os mandamentos, ou mitzvot, formam um código de vida que abrange desde os atos de bondade até as práticas de devoção, orientando o judeu em todas as áreas da vida. Ao estabelecer alvos espirituais, muitos judeus buscam aprimorar sua observância dos mandamentos, como cumprir melhor a prática da tzedakah (caridade), aprofundar o estudo da Torá ou intensificar o respeito pelos pais. Cada mitzvá cumprida com mais dedicação e entendimento é um passo em direção a uma vida mais sagrada, uma expressão de fidelidade ao pacto com Deus.

Um dos objetivos espirituais mais valorizados no judaísmo é o aprimoramento das qualidades de caráter, ou midot. As midot são as virtudes que definem o comportamento e as relações de uma pessoa, como a paciência, a humildade, a compaixão e a honestidade. O judaísmo ensina que o ser humano tem o potencial de aperfeiçoar essas virtudes, transformando seu caráter e desenvolvendo-se como uma pessoa íntegra. Esse processo é considerado um caminho essencial de crescimento espiritual, onde cada desafio e cada relacionamento se tornam oportunidades de trabalhar nas midot. Ao estabelecer metas para melhorar suas virtudes, o judeu se compromete com uma vida de retidão e de responsabilidade, buscando refletir os valores divinos em seu próprio comportamento.

A prática da teshuvá, que significa "retorno" ou "arrependimento", também é um aspecto fundamental na busca de alvos espirituais. A teshuvá permite que o judeu reconheça e corrija seus erros, reconciliando-se com Deus e com o próximo. No judaísmo, a teshuvá não é apenas um ato de pedir perdão, mas uma transformação interna que envolve arrependimento, mudança de comportamento e um compromisso renovado com a retidão. Esse processo de retorno é uma maneira de redefinir os próprios caminhos e de alinhar-se novamente com os valores da Torá. Estabelecer metas de teshuvá permite ao judeu trilhar uma jornada de aperfeiçoamento contínuo, onde cada erro é visto como uma oportunidade de crescimento e de aproximação de Deus.

A prática da oração, ou tefilá, também oferece uma base para estabelecer alvos espirituais. A oração no judaísmo é uma maneira de conectar-se com Deus, de expressar gratidão e de buscar orientação. Ao estabelecer metas para aprofundar a prática da oração, o judeu encontra um espaço para fortalecer sua espiritualidade e para cultivar uma relação mais íntima com o divino. Isso pode incluir o compromisso de recitar orações diárias com mais concentração, de aprender o significado das palavras do Siddur (livro de orações) ou de dedicar mais tempo ao agradecimento e à reflexão pessoal. A oração é uma ponte entre o homem e Deus, e ao aprimorar essa prática, o judeu eleva sua vida espiritual e encontra paz e propósito.

O estudo da Torá e dos textos sagrados é outro componente central nos objetivos espirituais do judaísmo. A Torá é considerada a fonte da sabedoria divina, um guia para a vida e para o desenvolvimento espiritual. Estabelecer metas de estudo é uma maneira de aprofundar o entendimento e de nutrir a alma com o conhecimento divino. Muitos judeus se comprometem a estudar uma porção da Torá todos os dias ou a participar de aulas e grupos de estudo que explorem o Talmude e outras obras sagradas. Esse aprendizado contínuo é uma prática sagrada que fortalece a fé, amplia o entendimento e promove o crescimento espiritual. Ao estudar a Torá, o judeu não apenas adquire conhecimento, mas se conecta com a vontade de Deus e com a sabedoria que orienta a criação.

Outro alvo espiritual relevante no judaísmo é o fortalecimento dos laços familiares e comunitários. No judaísmo, a família e a comunidade são aspectos essenciais da vida espiritual, e fortalecer esses laços é uma maneira de viver os valores de solidariedade, respeito e amor ao próximo. Muitas vezes, o judeu estabelece metas para dedicar mais tempo à família, para apoiar outros membros da comunidade ou para participar ativamente das atividades da sinagoga. Esses compromissos fortalecem a coesão social e criam um ambiente onde a espiritualidade e a fé podem prosperar. Viver em comunidade é uma prática espiritual, onde cada ato de bondade e de apoio se torna uma expressão da conexão com Deus e com os valores da Torá.

O judaísmo também incentiva o estabelecimento de metas para praticar a generosidade, ou tzedakah. A tzedakah é mais do que caridade; é uma expressão de justiça e de compaixão, uma maneira de ajudar os necessitados e de contribuir para um mundo mais justo. Estabelecer metas de tzedakah permite ao judeu cultivar a bondade e a responsabilidade social, comprometendo-se a ajudar os outros e a compartilhar suas bênçãos. Esse compromisso não se limita à ajuda financeira; ele inclui o tempo, o apoio emocional e o engajamento com causas que promovam o bem-estar da sociedade. A tzedakah é uma forma de viver os valores da Torá, uma prática que transforma o mundo e que eleva a alma, aproximando o judeu do ideal de retidão e de santidade.

A prática do Shabat, o dia de descanso sagrado, também pode ser um alvo espiritual significativo. O Shabat é uma oportunidade semanal de renovação espiritual, um tempo para se desconectar das preocupações mundanas e se reconectar com Deus, com a família e com a própria alma. Muitos judeus estabelecem metas para aprimorar sua observância do Shabat, seja através do estudo, da oração ou da celebração com a família. O Shabat é um lembrete da criação e da aliança com Deus, e ao vivê-lo com mais intenção e reverência, o judeu encontra um espaço de paz e de santidade que fortalece toda a sua semana. Cumprir o Shabat com devoção é um objetivo espiritual que promove o equilíbrio, a serenidade e a espiritualidade.

Estabelecer alvos espirituais é uma prática que reflete o compromisso do judeu com o crescimento interior, com a retidão e com a conexão com Deus. Cada meta é uma oportunidade de aprimorar o caráter, de aprofundar a fé e de viver de maneira mais alinhada com os ensinamentos da Torá. Essa prática de definir objetivos espirituais permite ao judeu trilhar uma jornada de aperfeiçoamento contínuo, onde cada passo é uma expressão de devoção e de amor ao divino.

Capítulo 27
Conversão pela Fé

A conversão ao judaísmo é um processo profundamente espiritual e transformador, marcado por uma decisão consciente e por um compromisso duradouro com a fé, com a prática e com a comunidade judaica. Aquele que escolhe trilhar esse caminho não está apenas adotando uma nova identidade religiosa; ele está entrando em uma aliança sagrada, tornando-se parte de uma tradição rica e milenar que abrange fé, cultura, história e espiritualidade. A conversão é uma escolha significativa e pessoal, que exige dedicação, estudo e uma sincera disposição para abraçar o pacto com Deus e para viver de acordo com os mandamentos da Torá. Essa jornada não é apenas uma mudança de crença, mas uma renovação de propósito e uma reconfiguração da identidade espiritual.

A conversão ao judaísmo começa, muitas vezes, com uma atração pela fé judaica, seja pela sua profundidade espiritual, pela sua história de resiliência ou pelos valores que orientam sua prática. Algumas pessoas são inspiradas a buscar a conversão ao vivenciar a beleza das tradições judaicas ou ao observar o compromisso ético e comunitário dos judeus. Essa atração inicial leva o indivíduo a explorar a fé mais profundamente, levando-o a estudar a Torá, a aprender sobre os mandamentos e a entender a vida judaica em sua totalidade. Essa busca inicial é um momento de descoberta, onde o aspirante encontra uma conexão com os princípios judaicos e se vê atraído por um caminho de santidade e de crescimento espiritual.

O processo formal de conversão envolve estudo intenso e preparação, guiados por um rabino e pela comunidade judaica. O aspirante à conversão é incentivado a estudar a Torá e a compreender os ensinamentos judaicos, desde a observância dos mandamentos até as tradições e os valores que norteiam a vida judaica. Esse período de aprendizado é essencial para que o futuro convertido possa assimilar o conhecimento e os princípios que o ajudarão a viver plenamente a fé. Ele aprende sobre os fundamentos do monoteísmo, o significado das festas judaicas, as leis de kashrut (dieta kosher), as práticas do Shabat e as orações. Esse estudo não é apenas acadêmico; ele é profundamente espiritual, uma preparação para uma nova vida dedicada a Deus e à comunidade.

A sinceridade do compromisso com o judaísmo é uma condição essencial para a conversão. No judaísmo, não se busca convencer ou converter, pois a fé judaica considera o compromisso uma escolha que deve vir do coração, guiada pela verdade e pela intenção. A pessoa que deseja se converter deve demonstrar uma convicção genuína, uma vontade sincera de abraçar a fé e de viver os valores e mandamentos da Torá. Essa sinceridade é avaliada ao longo do processo de conversão, onde o candidato é incentivado a refletir sobre sua motivação, sua compreensão do judaísmo e sua disposição para viver como judeu. Esse comprometimento sincero é o que torna a conversão uma jornada significativa e profunda, uma escolha que transforma o coração e a alma.

A conversão exige também um comprometimento com a observância dos mandamentos, ou mitzvot, que formam o cerne da vida judaica. No judaísmo, os mandamentos não são apenas instruções; são expressões da vontade divina e práticas que orientam a vida em santidade. O convertido é chamado a seguir essas instruções, não como um fardo, mas como uma forma de honrar sua aliança com Deus e de viver de acordo com os valores e ensinamentos da Torá. Cumprir os mandamentos significa, entre outras coisas, respeitar o Shabat, praticar a tzedakah (caridade), viver com integridade, observar as leis de pureza e alimentação kosher, e cultivar um espírito de gratidão e de humildade. Esses mandamentos moldam o caráter e a espiritualidade, e o compromisso com eles é um aspecto essencial da vida do convertido.

O momento da conversão é marcado por rituais significativos, que representam uma transição espiritual e uma aceitação da nova identidade religiosa. Um dos principais rituais é a imersão no mikveh, um banho ritual que simboliza a purificação e o renascimento espiritual. Ao emergir do mikveh, o convertido é considerado um novo membro do povo judeu, alguém que foi espiritualmente transformado e que está pronto para viver de acordo com os valores e as leis judaicas. Para os homens, a conversão também inclui a circuncisão, ou brit milá, que representa a aliança com Deus iniciada por Abraão. Esses rituais são símbolos profundos de dedicação e de conexão com a fé, marcando o início de uma nova vida dedicada ao serviço de Deus.

Após a conversão, o novo judeu não é considerado diferente dos outros membros da comunidade. Na verdade, a tradição judaica afirma que um convertido é tão judeu quanto alguém que nasceu na fé. Essa inclusão total reflete o valor judaico de que todos os membros da comunidade são responsáveis uns pelos outros e são iguais aos olhos de Deus. A comunidade acolhe o convertido com alegria e respeito, reconhecendo a coragem e a sinceridade de sua escolha e oferecendo o apoio necessário para que ele possa viver sua nova fé plenamente. Essa aceitação é um aspecto importante da conversão, pois reforça o sentido de pertencimento e de união com o povo judeu.

A jornada de um convertido ao judaísmo é, em última análise, um processo de transformação espiritual, onde cada passo é um ato de aproximação de Deus e de integração com uma tradição sagrada e com um povo. Essa jornada exige força de vontade, humildade e uma disposição sincera para abraçar uma nova vida de compromisso espiritual. Ao longo do processo, o convertido encontra desafios e momentos de autorreflexão, mas também descobre a profundidade e a beleza da fé judaica, uma fé que se baseia em princípios de retidão, de amor e de busca pelo aperfeiçoamento espiritual. Cada ensinamento, cada ritual e cada mandamento é uma expressão de devoção, uma maneira de vivenciar a presença divina em todos os aspectos da vida.

A conversão é, assim, uma decisão de fé que transcende a simples adoção de um conjunto de crenças. Ela é um compromisso com a identidade, com a história e com a missão do povo judeu, uma dedicação total a uma vida de significado e de serviço a Deus. Ao escolher se converter, o indivíduo está aceitando o legado dos patriarcas e das matriarcas, comprometendo-se com uma herança que remonta a milhares de anos. Ele se torna parte de uma história de resiliência, de sabedoria e de devoção, uma história que conecta cada judeu com Deus e com a Torá.

Para o convertido, a vida judaica representa uma fonte inesgotável de aprendizado, de crescimento e de espiritualidade. Cada festividade, cada prática e cada estudo é uma oportunidade de se conectar mais profundamente com a fé e de compreender o propósito de sua própria vida. Ao longo dessa jornada, o convertido encontra apoio na comunidade e nos ensinamentos que sustentam o judaísmo, encontrando em cada dia um novo motivo para fortalecer sua fé e para viver de acordo com a Torá.

A conversão ao judaísmo é um processo de fé e de transformação que exige um compromisso profundo e duradouro. É uma jornada que demanda estudo, autoconhecimento e uma sincera disposição para abraçar a tradição e a responsabilidade de viver como judeu. Através dessa escolha, o convertido encontra não apenas uma nova identidade, mas também uma missão espiritual, um caminho de crescimento contínuo e uma conexão com Deus que permeia todos os aspectos da vida.

Capítulo 28
Conversão: Ritos e Compromissos

A conversão ao judaísmo é um processo profundamente espiritual e é marcada por ritos que simbolizam a entrada do indivíduo na tradição judaica. Esses ritos não são meras formalidades; eles representam o comprometimento do convertido com a fé judaica e com a comunidade. Cada passo na conversão é uma confirmação do desejo de viver segundo os preceitos e valores da Torá. O judaísmo, por ser uma fé que enfatiza a ação e a prática, exige que o convertido demonstre sua vontade e determinação através de ritos significativos, que se tornam marcos na sua jornada espiritual. Esses compromissos são tomados com seriedade, pois a conversão implica a responsabilidade de viver segundo as leis e ensinamentos da Torá, uma aliança de fé que transforma o convertido em parte integral da herança judaica.

Um dos rituais mais importantes para o convertido ao judaísmo é a imersão no mikveh, o banho ritual. No judaísmo, o mikveh é um símbolo de pureza e de renovação espiritual, e o ato de imersão representa um renascimento. Ao mergulhar nas águas do mikveh, o convertido deixa para trás sua antiga identidade religiosa e emerge como um novo membro do povo judeu, purificado e espiritualmente renovado. Esse ritual é visto como um momento sagrado, onde o indivíduo experimenta uma transição profunda e significativa, como uma purificação que o prepara para uma nova vida comprometida com Deus e com a comunidade judaica. A imersão no mikveh é um momento de introspecção e de conexão com o divino, um ato de fé que marca o início de uma jornada de dedicação e de responsabilidade.

A circuncisão, ou brit milá, é outro rito essencial para homens que se convertem ao judaísmo. Desde os tempos de Abraão, a circuncisão simboliza a aliança entre Deus e o povo judeu. É uma marca física e espiritual que representa o compromisso de viver segundo os mandamentos da Torá. A circuncisão é uma expressão de lealdade e de aceitação dos valores que formam o núcleo da identidade judaica. Para os convertidos, esse ritual é um símbolo poderoso de integração à comunidade e de aceitação da herança espiritual judaica. A brit milá é um compromisso com a continuidade da tradição e uma expressão de fé e de identidade que transcende as gerações, conectando o convertido à história e aos patriarcas do povo judeu.

Além dos ritos físicos, o convertido assume compromissos éticos e espirituais que moldam sua nova identidade. O judaísmo não se baseia apenas em crenças, mas em práticas e ações que refletem os valores da Torá. O convertido compromete-se a observar os mandamentos, conhecidos como mitzvot, que orientam todos os aspectos da vida, desde o relacionamento com Deus até a maneira de tratar o próximo. Esses mandamentos incluem a observância do Shabat, o cumprimento das leis de kashrut (dieta kosher), o respeito às festividades judaicas e a prática da tzedakah (caridade). Cada mitzvá é uma expressão de devoção e de ética, e ao assumi-las, o convertido afirma seu desejo de viver de acordo com os preceitos divinos e de contribuir para a santidade e o aperfeiçoamento do mundo.

O processo de conversão também exige que o convertido aprenda e compreenda o hebraico, a língua sagrada da Torá e das orações judaicas. O hebraico é a língua da fé e da tradição, e aprender essa língua representa o desejo de se conectar profundamente com as fontes sagradas do judaísmo. O domínio do hebraico permite que o convertido participe das orações e que compreenda melhor os ensinamentos da Torá. Embora o aprendizado de uma nova língua seja um desafio, ele é visto como uma parte essencial da jornada de conversão, pois oferece ao convertido uma conexão mais rica e autêntica com a fé. Ao aprender o hebraico, o convertido adquire uma ferramenta poderosa para aprofundar seu entendimento espiritual e para se sentir mais integrado à vida comunitária.

    O Shabat, o dia de descanso e de renovação espiritual, também se torna um compromisso central para o convertido. A prática do Shabat é uma das tradições mais sagradas do judaísmo, um mandamento que fortalece a conexão com Deus e com a comunidade. Para o convertido, o Shabat é uma oportunidade de experimentar a paz e a santidade que são intrínsecas ao judaísmo, um tempo em que ele se desconecta do mundo material e se concentra em sua relação com o divino. A observância do Shabat exige preparação e disciplina, mas proporciona uma experiência espiritual única, onde o convertido pode refletir sobre sua jornada e sobre o significado de sua escolha de adotar a fé judaica. O Shabat é um compromisso com a espiritualidade e com a união familiar, uma prática que reafirma a aliança com Deus a cada semana.

    O convertido também assume um compromisso com a comunidade judaica, pois o judaísmo é uma fé comunitária que valoriza a solidariedade e o apoio mútuo. A comunidade desempenha um papel fundamental na vida judaica, e o convertido é incentivado a participar ativamente das atividades comunitárias, a frequentar a sinagoga e a contribuir para a vida social e religiosa da comunidade. Esse compromisso fortalece o senso de pertencimento e oferece ao convertido um ambiente onde ele pode crescer espiritualmente e encontrar apoio. A comunidade acolhe o convertido com respeito e alegria, reconhecendo o valor de sua decisão e oferecendo orientação e amizade. Esse apoio é essencial para que o convertido se sinta parte da herança judaica e para que ele possa viver plenamente sua nova identidade.

    Além dos ritos e das práticas, o convertido faz um compromisso de aprendizado contínuo. O judaísmo valoriza o estudo e a busca por conhecimento, e o convertido é incentivado a continuar estudando a Torá, o Talmude e outros textos sagrados ao longo de sua vida. Esse compromisso com o aprendizado é uma maneira de aprofundar a compreensão da fé e de fortalecer a conexão com Deus. A cada novo ensinamento, o convertido descobre aspectos mais profundos do judaísmo e fortalece sua identidade espiritual. O estudo contínuo não é apenas uma prática intelectual; é um ato de devoção, uma maneira de nutrir a alma e de expandir o entendimento sobre a vida e sobre os mandamentos divinos.

O compromisso com a ética e com a justiça é outro aspecto central na vida do convertido. No judaísmo, a busca pela justiça, ou tzedek, é um valor sagrado, e o convertido é chamado a viver de maneira íntegra e a agir com compaixão e equidade. A prática da tzedakah, ou caridade, é uma maneira de expressar essa responsabilidade ética, e o convertido é incentivado a compartilhar suas bênçãos e a ajudar os necessitados. Esse compromisso com a justiça é uma expressão de respeito pela dignidade humana e uma maneira de honrar os ensinamentos da Torá. Ao agir com retidão, o convertido reafirma seu vínculo com a fé e sua dedicação aos valores que sustentam o judaísmo.

A conversão ao judaísmo envolve ritos e compromissos que transformam profundamente o convertido e que o integram à comunidade judaica e à tradição sagrada. Cada rito — seja a imersão no mikveh, a circuncisão ou a observância dos mandamentos — é uma expressão de devoção e de aceitação dos valores e das práticas que definem a identidade judaica. Esses compromissos não são meras formalidades; são uma aliança que reflete a vontade do convertido de viver de acordo com os ensinamentos divinos e de assumir sua responsabilidade como membro do povo judeu. Ao cumprir esses compromissos, o convertido encontra um caminho de crescimento espiritual e de conexão com Deus, uma jornada de fé que o acompanha ao longo de toda a vida.

Capítulo 29
Rituais de Iniciação

No judaísmo, os rituais de iniciação representam marcos significativos na vida de uma pessoa, celebrando a transição de uma etapa a outra e reforçando o compromisso com a fé e com a comunidade. Esses rituais simbolizam uma entrada mais profunda na vida espiritual, conectando o indivíduo com a tradição judaica e com a aliança divina. Para cada judeu, independentemente de ter nascido na fé ou de ser um convertido, esses ritos de passagem são momentos sagrados que moldam a identidade, reforçam os laços comunitários e reafirmam a ligação com Deus. Eles são celebrações de crescimento, aprendizado e renovação, que lembram a cada pessoa o papel fundamental que ela desempenha no cumprimento dos mandamentos e na preservação da herança espiritual do povo judeu.

Um dos rituais de iniciação mais conhecidos é o Bar Mitzvah para meninos e o Bat Mitzvah para meninas, celebrando a chegada à maioridade religiosa. Aos treze anos para os meninos e aos doze para as meninas, esses rituais marcam o momento em que a pessoa se torna responsável por observar os mandamentos, assumindo um papel ativo na vida espiritual e comunitária. O Bar Mitzvah e o Bat Mitzvah não são apenas celebrações sociais, mas um compromisso espiritual, onde o jovem é chamado a abraçar a Torá e a viver segundo seus ensinamentos. A partir desse momento, ele passa a ser visto como um membro adulto da comunidade judaica, responsável por suas ações e plenamente integrado à prática e aos valores judaicos.

A preparação para o Bar Mitzvah e o Bat Mitzvah envolve um período de estudo e aprendizado intensivo, onde o jovem é introduzido à leitura da Torá e ao entendimento dos mandamentos. Durante essa preparação, ele aprende a recitar as bênçãos e a compreender o significado das orações e dos preceitos judaicos. Esse processo não é apenas acadêmico; ele é uma oportunidade de introspecção e de crescimento espiritual, onde o jovem se prepara para o compromisso de viver como um judeu adulto. Essa fase de aprendizado permite que ele compreenda a profundidade da tradição e o significado de sua herança espiritual, proporcionando uma base sólida para sua jornada de fé.

No dia da cerimônia de Bar Mitzvah ou Bat Mitzvah, o jovem é chamado a ler uma porção da Torá na sinagoga, uma experiência que simboliza sua entrada na vida religiosa adulta. A leitura da Torá é um momento de conexão sagrada, onde o jovem se torna um elo na corrente de gerações que preservaram e transmitiram os ensinamentos da Torá. Para a comunidade, esse ato representa a continuidade da fé e da tradição, uma renovação do pacto com Deus através de cada nova geração. A leitura da Torá é acompanhada de bênçãos e de orações, que expressam gratidão a Deus e que reforçam o compromisso do jovem com sua nova responsabilidade espiritual.

Outro rito de iniciação importante é o casamento, que é visto no judaísmo como uma união sagrada e como um mandamento divino. O casamento não é apenas um vínculo entre duas pessoas; é uma parceria espiritual, onde o casal se compromete a construir uma vida em conjunto, baseada nos valores da Torá e no serviço a Deus. A cerimônia de casamento, chamada de Chupá, simboliza a criação de um lar judaico, um espaço de santidade onde o amor, o respeito e o compromisso mútuo são cultivados. Durante a cerimônia, o casal recita as bênçãos do casamento e participa de rituais que simbolizam a união e o desejo de construir uma vida de harmonia e de propósito.

Na cerimônia de casamento, o rompimento de um copo pelo noivo é um ato simbólico que lembra a destruição do Templo em Jerusalém, um lembrete de que, mesmo em momentos de alegria, o povo judeu carrega uma memória coletiva de dor e de saudade por sua terra e sua história. Esse gesto é uma demonstração de humildade e de reverência pela história judaica, lembrando ao casal que seu amor e seu compromisso são parte de algo maior. O casamento, portanto, é um ritual que celebra o amor, mas também a continuidade da tradição e o desejo de construir um lar onde a fé e os ensinamentos da Torá sejam honrados e transmitidos às futuras gerações.

Para os judeus que passam pela conversão, os rituais de iniciação ganham um significado ainda mais profundo, pois representam o compromisso renovado com a fé e a entrada formal na comunidade. A imersão no mikveh, como parte do processo de conversão, é uma iniciação que simboliza a purificação e a transformação espiritual, um renascimento que marca o início de uma vida comprometida com o judaísmo. Esse ritual de imersão é um momento de dedicação total, onde o convertido deixa para trás sua antiga identidade e emerge como parte do povo judeu, pronto para viver segundo os preceitos e valores da Torá. Esse rito é um símbolo de aceitação e de renovação, uma cerimônia que confirma a escolha do convertido de abraçar a fé com sinceridade e devoção.

O ritual de brit milá, a circuncisão, é outro rito de iniciação para os homens que nascem na fé ou que se convertem. Esse rito, que simboliza a aliança com Deus, é realizado nos primeiros dias de vida para os judeus natos e representa a continuidade da promessa divina estabelecida com Abraão. Para os convertidos, o brit milá é uma maneira de reafirmar esse compromisso, uma aceitação física e espiritual da responsabilidade que vem com a aliança com Deus. Esse rito de iniciação é um símbolo poderoso da ligação com a história e com a identidade judaica, um compromisso com o pacto eterno e com a missão espiritual do povo judeu.

Outro rito de iniciação importante na tradição judaica é o ato de colocar os tefilin, pequenas caixas de couro contendo pergaminhos com passagens da Torá, que são amarradas ao braço e à cabeça durante as orações. Esse ritual, realizado por homens adultos, simboliza a ligação entre o corpo, a mente e a espiritualidade, uma forma de conectar o coração e a mente com os ensinamentos divinos. O tefilin é um ato de lembrança e de devoção, uma prática que fortalece o compromisso com a Torá e com os mandamentos. Ao colocar os tefilin, o judeu reafirma sua aliança com Deus, sua dedicação aos valores da Torá e seu desejo de viver segundo os princípios divinos.

Em todas as fases da vida, os rituais de iniciação no judaísmo representam marcos de crescimento e de renovação, momentos onde o indivíduo e a comunidade se unem para celebrar a continuidade da fé e da tradição. Esses ritos não são apenas cerimônias; são compromissos espirituais que reforçam a identidade e que fortalecem a conexão com Deus e com a história do povo judeu. Cada rito de iniciação é uma expressão de devoção e de responsabilidade, uma maneira de vivenciar a espiritualidade e de honrar a herança judaica.

Os rituais de iniciação no judaísmo são celebrações de transformação, de responsabilidade e de compromisso. Eles são atos que integram o indivíduo à comunidade e que reforçam o pacto com Deus e com os valores da Torá. Ao longo de toda a vida, esses rituais são lembranças sagradas da identidade e da missão espiritual do povo judeu, símbolos de uma tradição viva e resiliente, que se renova através de cada geração.

Capítulo 30
Aceitação da Torá

A aceitação da Torá é um dos compromissos mais profundos e significativos na vida de qualquer judeu. A Torá, considerada a revelação divina entregue ao povo de Israel, é muito mais do que um conjunto de leis e ensinamentos; ela é o centro espiritual e ético que guia cada aspecto da vida judaica. Para aqueles que escolhem viver segundo seus preceitos, aceitar a Torá significa não apenas estudar e cumprir suas leis, mas também internalizar seus valores e usá-los como fundamento para todas as decisões e ações. A aceitação da Torá é, portanto, um ato de devoção total, que representa a entrega do indivíduo ao pacto estabelecido entre Deus e o povo judeu, um pacto que continua a guiar a vida espiritual e ética de cada judeu até hoje.

A aceitação da Torá começou de forma coletiva, quando o povo de Israel estava reunido aos pés do Monte Sinai. De acordo com o relato bíblico, Deus revelou os Dez Mandamentos a Moisés e fez um pacto com o povo, que prontamente respondeu com a frase "Na'aseh V'nishmah" – "Faremos e ouviremos." Essa resposta, que precede o entendimento completo, expressa uma aceitação incondicional, uma disposição de seguir a vontade divina antes mesmo de compreender todas as implicações. Esse momento de aceitação coletiva marcou o nascimento da nação judaica como um povo unido sob a Torá, uma comunidade dedicada a cumprir a vontade de Deus. A frase "Na'aseh V'nishmah" tornou-se um símbolo da obediência e da fé inabalável que caracterizam a relação do povo judeu com a Torá.

Para os convertidos ao judaísmo, a aceitação da Torá é um passo fundamental que confirma seu compromisso com a fé judaica. Esse compromisso não se limita a um simples assentimento, mas envolve uma dedicação completa ao estudo, à prática e à observância dos mandamentos. Aquele que decide se converter ao judaísmo deve entender que aceitar a Torá é um processo contínuo, que exige um esforço constante para viver segundo seus ensinamentos. Durante o processo de conversão, o aspirante é incentivado a estudar a Torá e os textos sagrados para compreender os princípios e as exigências da vida judaica. A conversão, portanto, é mais do que uma mudança de identidade; é uma aceitação plena da Torá como guia espiritual e ético para a vida.

A aceitação da Torá implica, também, o compromisso com o cumprimento dos mandamentos, ou mitzvot. No judaísmo, os mandamentos não são apenas regras, mas instruções divinas que permitem ao judeu viver em harmonia com a vontade de Deus. Cada mandamento é uma oportunidade de conectar-se com o divino, de purificar o caráter e de contribuir para a retidão no mundo. Cumprir os mandamentos é, portanto, uma expressão de amor e de reverência a Deus. Para o convertido, esse compromisso é um passo essencial para integrar-se ao povo judeu, pois o cumprimento das mitzvot é o que distingue a vida judaica e o que une a comunidade em uma prática de fé compartilhada.

Um dos mandamentos centrais que todo judeu é chamado a observar é o Shabat, o dia de descanso e santidade. O Shabat é um lembrete semanal da criação e da aliança com Deus, um tempo dedicado à espiritualidade e ao fortalecimento dos laços familiares e comunitários. A aceitação da Torá inclui a observância do Shabat como um momento de renovação e de conexão com o divino. Para o convertido, a prática do Shabat é uma maneira de vivenciar a santidade e de encontrar descanso espiritual, um mandamento que transforma a rotina e que oferece um espaço sagrado em meio às responsabilidades do cotidiano. O Shabat é um dos pilares da vida judaica, um mandamento que fortalece a fé e que reafirma a aliança com Deus a cada semana.

O estudo contínuo da Torá é outro compromisso fundamental para aqueles que a aceitam como orientação de vida. No judaísmo, o estudo da Torá é considerado um ato sagrado, uma prática que permite ao judeu se aprofundar no entendimento da vontade de Deus e que enriquece sua vida espiritual. Através do estudo, o judeu encontra inspiração, sabedoria e orientação para enfrentar os desafios do dia a dia. O convertido, ao aceitar a Torá, assume a responsabilidade de estudar e de buscar conhecimento contínuo, para que possa viver de maneira consciente e alinhada com os valores da tradição judaica. Esse aprendizado é um processo que dura a vida inteira, uma jornada de descoberta que fortalece a fé e que aproxima o indivíduo de Deus.

    A aceitação da Torá também inclui a disposição de transmitir seus ensinamentos às gerações futuras. A educação é um valor central no judaísmo, e a Torá instrui os pais a ensinar seus filhos desde pequenos, para que cresçam com uma base sólida de fé e de ética. Para o convertido, esse compromisso é uma oportunidade de compartilhar a herança espiritual que ele escolheu abraçar e de contribuir para a continuidade da tradição judaica. A transmissão dos ensinamentos da Torá é uma responsabilidade sagrada, uma maneira de assegurar que as futuras gerações conheçam e valorizem a fé e os mandamentos. Cada ensinamento passado adiante é uma expressão de amor à Torá e ao povo judeu, uma maneira de perpetuar a aliança com Deus e de fortalecer a identidade judaica.

    A aceitação da Torá não é apenas uma prática individual, mas uma experiência coletiva que conecta o indivíduo com a comunidade e com a história do povo judeu. Ao participar das festividades e dos rituais judaicos, o convertido reafirma seu compromisso com a Torá e com a comunidade. Essas celebrações são momentos de alegria e de união, onde cada judeu encontra força e inspiração na companhia dos outros. A aceitação da Torá, portanto, não é vivida em isolamento; ela é fortalecida pela comunidade, que apoia e guia o indivíduo em sua jornada espiritual. As festividades judaicas, como Pessach, Shavuot e

Sucot, são oportunidades para relembrar a entrega da Torá e para renovar o compromisso com os mandamentos e com os valores da tradição.

A aceitação da Torá também implica a responsabilidade de agir com justiça e compaixão, valores centrais nos ensinamentos judaicos. A Torá orienta o judeu a viver com retidão, a ajudar os necessitados e a tratar todos com respeito e dignidade. Esse compromisso com a ética é uma expressão de fidelidade à vontade divina e uma maneira de fazer do mundo um lugar mais justo e compassivo. Para o convertido, aceitar a Torá significa adotar esses valores e incorporá-los em sua vida cotidiana. Esse compromisso ético reflete a profundidade e a seriedade da aceitação da Torá, uma responsabilidade que exige coragem, dedicação e um desejo genuíno de viver de acordo com os princípios da Torá.

A aceitação da Torá é um ato de fé, de compromisso e de transformação, uma decisão que molda a identidade e que guia a vida do judeu em todos os aspectos. Para o convertido, essa aceitação representa um novo começo, uma aliança que o conecta com Deus e com a comunidade judaica. Esse compromisso com a Torá é uma jornada que se renova a cada dia, uma prática que exige estudo, reflexão e a disposição de viver segundo os mandamentos e os valores que formam a base do judaísmo. Através da aceitação da Torá, o judeu encontra propósito e direção, uma vida rica em significado e em conexão com o divino.

Capítulo 31
Desenvolvendo a Identidade Judaica

Desenvolver a identidade judaica é uma jornada de conexão profunda com a fé, os valores e a história do povo judeu. Essa identidade não é uma simples aceitação de crenças, mas um compromisso com uma tradição rica, cheia de práticas, costumes e ensinamentos que moldaram o caráter de gerações ao longo dos séculos. Para aqueles que abraçam o judaísmo de forma consciente e intencional, especialmente os convertidos, o desenvolvimento da identidade judaica é uma experiência de transformação que une o indivíduo à história, aos costumes e aos valores que sustentam o povo judeu.

No judaísmo, a identidade está profundamente enraizada na Torá e nos ensinamentos sagrados, que fornecem uma base ética e espiritual para a vida cotidiana. A Torá é vista não apenas como um livro de regras, mas como um guia espiritual que orienta cada decisão e ação. Ao integrar esses ensinamentos em sua vida, o judeu encontra propósito e direção, baseando suas escolhas em valores como justiça, bondade, humildade e respeito. Para o convertido, aceitar esses princípios é o primeiro passo na construção de sua identidade, um compromisso com uma vida alinhada com os valores da Torá e com o pacto de santidade entre Deus e o povo de Israel.

A identidade judaica também é moldada pela prática das mitzvot, os mandamentos que Deus deu ao povo judeu como instruções para viver uma vida sagrada e moral. Ao observar as mitzvot, o judeu transforma sua rotina em uma série de atos de devoção e de ligação com o divino. Para o convertido, a prática das mitzvot é uma maneira de internalizar os ensinamentos judaicos e de fortalecer sua relação com Deus e com a comunidade. A observância do Shabat, as orações diárias, a prática da tzedakah (caridade) e o cumprimento das leis de kashrut (dieta kosher) são apenas alguns dos mandamentos que formam a base da vida judaica. Cumprir esses preceitos ajuda o judeu a construir uma identidade baseada na fé e no respeito à tradição, criando um vínculo inquebrável com Deus e com o próximo.

Outro aspecto central na formação da identidade judaica é a conexão com a comunidade. O judaísmo valoriza a vida comunitária e acredita que a fé é fortalecida por meio das relações e do apoio mútuo entre os membros da comunidade. As sinagogas, escolas judaicas e eventos comunitários são espaços onde o judeu encontra suporte espiritual, social e emocional, reforçando sua identidade em meio à coletividade. Para o convertido, a participação ativa na comunidade é uma oportunidade de se integrar plenamente à vida judaica, de aprender com a experiência dos outros e de vivenciar a união que caracteriza o povo judeu. A comunidade é um pilar da identidade judaica, um espaço onde cada indivíduo é acolhido e valorizado, contribuindo para a continuidade e para a coesão da tradição.

A identidade judaica também se expressa através das festividades, que são momentos de celebração, reflexão e renovação espiritual. Cada festividade judaica, como o Pessach (Páscoa Judaica), o Yom Kipur (Dia do Perdão) e o Sucot (Festa dos Tabernáculos), traz uma lição e um valor específico, lembrando ao judeu a importância de sua história e de seu relacionamento com Deus. Esses momentos são oportunidades para fortalecer a fé, agradecer pelas bênçãos e renovar o compromisso com os ensinamentos da Torá. Para o convertido, participar dessas festividades é uma maneira de se conectar com a história e de experimentar a espiritualidade de forma comunitária. As festividades permitem que o judeu se aprofunde em sua identidade, vivenciando as tradições que o ligam aos seus antepassados e reforçando seu propósito espiritual.

O estudo contínuo da Torá e dos textos sagrados é uma prática essencial no judaísmo, e é através do aprendizado que o judeu constrói e aprofunda sua identidade. No judaísmo, o estudo não é apenas um meio de adquirir conhecimento; ele é um ato de devoção, uma maneira de se conectar com a sabedoria divina e de encontrar orientação para a vida. Ao estudar a Torá, o Talmude e outros textos sagrados, o judeu se envolve em uma tradição de aprendizado que remonta aos sábios de gerações passadas. Para o convertido, o estudo contínuo é uma oportunidade de entender melhor sua fé e de fortalecer sua identidade como judeu. Esse aprendizado é um processo sem fim, que acompanha o judeu ao longo de toda a sua vida e que o ajuda a crescer espiritual e moralmente.

A identidade judaica também envolve o respeito e a valorização da herança cultural, que inclui a língua hebraica, a música, as artes e a história do povo judeu. O hebraico, a língua da Torá e das orações, é um elemento central na construção dessa identidade, pois conecta o judeu com suas raízes e com os ensinamentos sagrados. Aprender e usar o hebraico é uma maneira de se aproximar da tradição e de enriquecer a experiência espiritual. Além disso, a música e as artes judaicas refletem a história e os valores do judaísmo, oferecendo ao judeu uma maneira de expressar sua fé e de se identificar com seu povo. O respeito pela herança cultural é um aspecto importante na formação da identidade judaica, pois reforça o vínculo com as gerações anteriores e preserva a riqueza espiritual e cultural da comunidade.

Outro elemento importante na construção da identidade judaica é a transmissão dos valores e ensinamentos para as futuras gerações. No judaísmo, os pais têm a responsabilidade de educar seus filhos na fé, transmitindo-lhes os princípios éticos e espirituais da Torá. Esse compromisso com a educação é uma maneira de perpetuar a tradição e de garantir que as próximas gerações continuem a viver de acordo com os ensinamentos judaicos. Para o convertido que constrói sua identidade, essa responsabilidade é uma oportunidade de compartilhar sua experiência e de contribuir para a continuidade do judaísmo. Ensinar e inspirar os jovens a valorizarem sua herança e a praticarem sua fé é uma das maneiras mais significativas de reforçar a identidade judaica e de garantir que ela prospere.

A identidade judaica também é fortalecida pela prática do altruísmo e da justiça. O judaísmo ensina que cada indivíduo tem a responsabilidade de fazer o bem, de ajudar os necessitados e de agir com justiça. Essas práticas, conhecidas como tzedakah (caridade) e tikkun olam (reparação do mundo), são expressões fundamentais da identidade judaica, pois refletem o compromisso com a retidão e com o amor ao próximo. Para o convertido, essas práticas são uma forma de viver os ensinamentos da Torá e de se conectar com o propósito ético do judaísmo. Através de atos de bondade e de justiça, o judeu reafirma sua identidade e contribui para a criação de um mundo mais compassivo e justo.

A construção da identidade judaica é um processo de conexão com a fé, com a comunidade e com os valores que sustentam a tradição. Essa identidade é formada e fortalecida pela prática dos mandamentos, pelo estudo contínuo, pela participação comunitária e pela celebração das festividades. Para o convertido, desenvolver essa identidade é uma jornada de descoberta e de transformação, uma maneira de se integrar ao povo judeu e de viver uma vida cheia de significado e de propósito. Ao abraçar a identidade judaica, o judeu encontra uma fonte de força e de inspiração, uma herança que o conecta com sua história e com Deus. Essa identidade é, acima de tudo, um compromisso com uma vida de retidão, de aprendizado e de devoção, uma expressão de amor e de fidelidade aos ensinamentos da Torá e à missão espiritual do povo judeu.

Capítulo 32
Comunidade e Suporte para Conversos

No judaísmo, a comunidade desempenha um papel central e essencial na vida de cada indivíduo, proporcionando um espaço de acolhimento, apoio e orientação. A importância da comunidade é especialmente significativa para aqueles que escolhem se converter ao judaísmo, pois eles embarcam em uma jornada espiritual que envolve não apenas a aceitação da fé, mas também a integração em uma nova família espiritual. Para o convertido, a comunidade judaica é uma fonte indispensável de suporte emocional e espiritual, ajudando-o a navegar pelos desafios e a encontrar seu lugar dentro da tradição e dos rituais judaicos. O acolhimento comunitário é, portanto, uma expressão de solidariedade e de respeito, uma maneira de honrar o compromisso e a coragem daqueles que escolhem se juntar ao povo judeu.

O processo de conversão ao judaísmo exige dedicação, estudo e uma transformação espiritual profunda, e a presença de uma comunidade acolhedora pode fazer toda a diferença nessa jornada. Muitas comunidades judaicas oferecem programas específicos de estudo e de preparação para os convertidos, onde eles têm a oportunidade de aprender sobre os princípios e as práticas da fé judaica. Esses programas são frequentemente acompanhados por rabinos e mentores, que fornecem orientação e apoio durante o processo. Para o convertido, essa estrutura de ensino e de acompanhamento representa não apenas uma fonte de conhecimento, mas também um ambiente seguro onde ele pode fazer perguntas, compartilhar suas dúvidas e receber encorajamento em momentos de incerteza. A comunidade atua, assim, como uma guia espiritual que ajuda o convertido a construir uma base sólida de fé e de confiança.

Após a conversão, o suporte comunitário continua a ser essencial para o desenvolvimento da identidade judaica do novo membro. A prática do judaísmo envolve uma série de rituais e tradições que, para o recém-convertido, podem parecer complexos ou desafiadores. A comunidade oferece um ambiente de acolhimento onde o convertido pode aprender e praticar esses rituais com o apoio de pessoas experientes e com a orientação de rabinos. Esse apoio é crucial para que ele possa viver plenamente sua nova fé e para que se sinta integrado e valorizado como parte do grupo. Em momentos de celebração, como o Shabat e as festividades judaicas, a comunidade se torna um espaço onde o convertido experimenta a alegria e a união que caracterizam a vida judaica, fortalecendo seu senso de pertencimento e sua conexão com o povo judeu.

A sinagoga, como espaço de oração e de aprendizado, desempenha um papel fundamental no suporte aos convertidos. É na sinagoga que a comunidade se reúne para as orações diárias, para os serviços do Shabat e para as celebrações das festividades judaicas. Para o convertido, a sinagoga é um lugar sagrado onde ele pode se conectar com Deus, estudar a Torá e participar das tradições junto com outros membros da comunidade. Além de ser um local de devoção, a sinagoga é também um espaço de interação social e de apoio, onde os convertidos encontram amizades e criam laços que os ajudam a fortalecer sua identidade e sua fé. Os rabinos e os membros mais antigos da comunidade frequentemente desempenham um papel de mentoria, oferecendo conselhos e compartilhando sabedoria sobre a prática da fé e sobre os desafios da vida cotidiana.

O acolhimento comunitário é especialmente importante para o convertido durante as festividades judaicas, que são momentos de celebração e de reflexão espiritual. Cada festividade judaica tem um significado especial e envolve rituais e tradições que reforçam a conexão do povo judeu com Deus e com sua história. Para o convertido, participar dessas festividades é uma oportunidade de vivenciar a fé de maneira mais profunda e de se conectar com a história e com a cultura do judaísmo. A comunidade convida o convertido a celebrar ao seu lado, a compartilhar as refeições e as orações, e a aprender o significado de cada símbolo e de cada prática. Esse acolhimento permite que o convertido se sinta parte da continuidade da tradição, encontrando significado e pertencimento em cada celebração.

Além das celebrações, a comunidade judaica é uma fonte de apoio emocional e espiritual em momentos de dificuldade. No judaísmo, a comunidade tem o dever de oferecer suporte e de cuidar dos seus membros, especialmente em tempos de luto, de doença ou de crises pessoais. Para o convertido, saber que pode contar com a ajuda e com o consolo da comunidade é um conforto inestimável. A presença de amigos e de líderes espirituais que oferecem palavras de encorajamento e de sabedoria reforça o senso de solidariedade e de união. Nos momentos de luto, por exemplo, a prática da shivá (o período de luto) é uma oportunidade para que a comunidade se una e apoie a família enlutada, oferecendo não apenas palavras de conforto, mas também uma presença reconfortante. Esse senso de responsabilidade mútua é um dos pilares do judaísmo e reforça o vínculo de cada indivíduo com o grupo.

O apoio da comunidade também é importante para os convertidos que estão em processo de aprendizado contínuo. No judaísmo, o estudo da Torá e dos textos sagrados é um valor central, e a busca pelo conhecimento é incentivada em todas as fases da vida. A comunidade oferece oportunidades de aprendizado através de aulas, palestras e grupos de estudo, onde o convertido pode continuar aprofundando seu entendimento da fé e dos ensinamentos da Torá. Através desse aprendizado coletivo, ele não apenas amplia seus conhecimentos, mas também fortalece sua relação com os outros membros da comunidade. O estudo se torna uma prática que une, que promove a reflexão e que inspira o crescimento espiritual, ajudando o convertido a se sentir ainda mais integrado à vida comunitária e à tradição judaica.

Para muitos convertidos, a comunidade se torna uma segunda família, um grupo de pessoas com quem podem contar e com quem compartilham uma fé e uma missão espiritual. Esse sentimento de pertencimento é especialmente importante para aqueles que, ao se converterem, talvez tenham deixado para trás outra tradição religiosa ou se afastado de amigos e familiares que não compartilham sua nova fé. A comunidade judaica, ao acolher o convertido com respeito e alegria, oferece um novo lar espiritual, onde ele pode viver sua fé sem julgamentos e onde é valorizado pelo compromisso que assumiu. Esse ambiente de aceitação e de respeito é fundamental para o desenvolvimento espiritual e emocional do convertido, proporcionando-lhe um lugar onde ele pode crescer e se expressar plenamente como judeu.

Por fim, a comunidade judaica também oferece oportunidades para que o convertido possa contribuir e retribuir. Ao participar das atividades comunitárias, ao ajudar em projetos de caridade ou ao apoiar outros membros, o convertido encontra maneiras de servir ao próximo e de viver os ensinamentos da Torá na prática. Esse envolvimento é uma expressão de sua dedicação e de seu amor pela fé judaica, e é também uma maneira de construir seu legado dentro da comunidade. Através de ações de bondade e de generosidade, o convertido fortalece sua identidade e se sente plenamente integrado à missão do povo judeu, que é fazer o bem e agir com justiça no mundo.

A comunidade judaica é uma fonte de apoio, de aprendizado e de acolhimento para o convertido, ajudando-o a integrar-se plenamente à vida judaica e a desenvolver sua identidade espiritual. Ao oferecer suporte emocional e espiritual, a comunidade proporciona um espaço onde o convertido se sente valorizado e respeitado, onde ele pode compartilhar alegrias e tristezas, e onde encontra orientação para viver segundo os princípios da Torá. Através desse acolhimento, a comunidade não apenas fortalece a fé do convertido, mas também se enriquece com sua presença e com seu compromisso. Esse vínculo entre o convertido e a comunidade é uma expressão da solidariedade e do amor que caracterizam o povo judeu, uma união sagrada que transcende gerações e que reflete a essência da vida judaica.

Capítulo 33
Solidariedade e Fraternidade

A solidariedade e a fraternidade são valores essenciais que definem o caráter do povo judeu e sustentam sua união como comunidade. Esses princípios não são apenas ideais abstratos; eles estão enraizados na prática diária e nas relações que unem os indivíduos dentro de cada comunidade judaica ao redor do mundo. Para o judeu, a solidariedade não é apenas um ato de generosidade, mas uma expressão de responsabilidade mútua, um compromisso sagrado que transcende as barreiras de tempo, espaço e circunstâncias. A fraternidade, por sua vez, é um sentimento de conexão profunda com cada membro da comunidade, uma aliança que reflete o pacto coletivo do povo judeu com Deus e com os valores da Torá. Juntos, esses conceitos criam uma rede de apoio e de cuidado que fortalece o vínculo de cada judeu com a fé, com sua comunidade e com sua missão espiritual.

A Torá, que serve como base ética e moral do judaísmo, estabelece o princípio de "Ahavat Yisrael" — o amor ao próximo, especialmente ao próximo judeu. Esse amor é mais do que um sentimento; é um dever que implica agir com bondade, compaixão e justiça em relação aos outros. Os mandamentos da Torá frequentemente enfatizam a importância de ajudar os necessitados, de cuidar dos vulneráveis e de promover a paz entre os membros da comunidade. Esse compromisso com o bem-estar do outro se reflete em práticas como a tzedakah (caridade) e o gemilut chasadim (atos de bondade), que são centrais para a vida judaica. Esses atos de bondade não são apenas gestos ocasionais, mas obrigações diárias que permitem que cada judeu contribua para o bem-estar coletivo e que fortifiquem o espírito de solidariedade dentro da comunidade.

A tzedakah, ou caridade, é uma das práticas mais importantes do judaísmo e é considerada uma obrigação moral que todos devem cumprir, independentemente de sua situação financeira. A palavra "tzedakah" deriva de uma raiz hebraica que significa "justiça", o que reflete a visão judaica de que ajudar o próximo é uma questão de justiça, não de generosidade. A tzedakah é uma expressão de solidariedade, uma maneira de assegurar que cada membro da comunidade tenha o suficiente para viver com dignidade e para sentir-se valorizado. Esse princípio é especialmente significativo durante as festividades judaicas, como o Pessach e o Yom Kipur, quando os judeus são incentivados a intensificar seus atos de caridade e a lembrar daqueles que enfrentam dificuldades. A prática da tzedakah une a comunidade em um propósito comum, fortalecendo o laço de fraternidade e promovendo uma cultura de cuidado e de apoio mútuo.

Outra expressão importante de solidariedade no judaísmo é o gemilut chasadim, que se refere aos atos de bondade e de compaixão realizados em benefício dos outros. Ao contrário da tzedakah, que geralmente envolve uma contribuição material, o gemilut chasadim pode ser praticado de diversas maneiras, como visitar os doentes, consolar os enlutados ou oferecer ajuda a quem precisa. Esses atos de bondade são uma maneira de mostrar empatia e de expressar a responsabilidade de cada judeu pelo bem-estar dos outros membros da comunidade. O gemilut chasadim fortalece a fraternidade e permite que cada pessoa contribua com seu tempo e sua energia para aliviar o sofrimento e promover a alegria entre seus irmãos e irmãs. Esses gestos de cuidado e de apoio são fundamentais para a coesão social e para a continuidade da tradição judaica.

A solidariedade no judaísmo não se limita às relações dentro da comunidade local, mas se estende a judeus de todas as partes do mundo. O conceito de "Kol Yisrael Arevim Zeh Bazeh" — "Todo o povo de Israel é responsável um pelo outro" — é uma expressão poderosa dessa fraternidade universal. Essa ideia implica que cada judeu tem a obrigação de apoiar e de cuidar dos outros membros do povo judeu, independentemente de onde estejam. Ao longo da história, essa solidariedade tem sido uma fonte de força e de resistência para o povo judeu, permitindo que ele se mantenha unido em momentos de adversidade e de dispersão. Durante períodos de crise, como nas perseguições e nos exílios, os judeus sempre se organizaram para ajudar uns aos outros, proporcionando apoio material e espiritual àqueles que sofriam. Esse compromisso com o bem-estar coletivo é uma característica marcante da identidade judaica e uma expressão do pacto sagrado que une o povo judeu.

A fraternidade no judaísmo também é fortalecida pela vida comunitária, que cria laços entre as pessoas e que promove a cooperação e a amizade. A sinagoga, por exemplo, é um centro de encontro e de apoio, onde os membros da comunidade se reúnem para orar, para celebrar e para compartilhar suas vidas. Os eventos comunitários, como as celebrações do Shabat, das festividades judaicas e das refeições coletivas, são oportunidades de fortalecer o vínculo de fraternidade e de criar uma rede de apoio que abrange todas as gerações. A comunidade oferece um ambiente onde cada indivíduo é valorizado e onde todos são incentivados a contribuir para o bem-estar dos outros. Esse senso de união e de pertencimento é essencial para a continuidade da tradição judaica e para a manutenção de uma identidade coletiva forte e resiliente.

Além disso, o judaísmo incentiva cada membro da comunidade a participar ativamente das atividades de bem-estar social, oferecendo ajuda aos mais necessitados e promovendo a justiça e a paz. Essa dedicação à justiça social é uma maneira de expressar a fraternidade e a solidariedade judaicas, e é também uma resposta aos ensinamentos da Torá, que instruem o povo a proteger os vulneráveis e a construir uma sociedade mais equitativa e compassiva. Esse compromisso com o tikkun olam — a reparação do mundo — inspira os judeus a agirem não apenas dentro de suas comunidades, mas também em benefício da sociedade em geral. O tikkun olam representa uma visão de fraternidade que transcende fronteiras, uma expressão de solidariedade que engloba toda a humanidade e que busca transformar o mundo em um lugar mais justo e pacífico.

Em momentos de luto e de dificuldade, a fraternidade se torna uma fonte de conforto e de apoio inestimável. As práticas judaicas de apoio ao enlutado, como o shivá, são exemplos de como a comunidade se une para amparar aqueles que enfrentam a dor da perda. Durante o período de shivá, amigos e familiares visitam a casa do enlutado para oferecer consolo, orações e companhia, criando um ambiente de solidariedade e de empatia. Esse apoio emocional é um aspecto essencial da fraternidade judaica, um gesto que lembra ao enlutado que ele não está sozinho em sua dor e que a comunidade está ao seu lado. A prática do shivá não é apenas uma expressão de compaixão, mas também uma forma de honrar a memória do falecido e de reafirmar os laços que unem cada membro da comunidade.

A solidariedade e a fraternidade são valores que estão no coração da vida judaica, e que fortalecem a união do povo judeu através de gerações e de fronteiras. Esses valores se manifestam em atos de caridade, de bondade, de apoio mútuo e de compromisso com a justiça social, criando uma rede de cuidado e de responsabilidade que sustenta e enriquece a vida comunitária. Para o judeu, a fraternidade e a solidariedade são expressões de sua fé e de sua identidade, uma forma de viver os ensinamentos da Torá e de honrar a aliança com Deus. Essas virtudes não apenas fortalecem a comunidade, mas também inspiram o judeu a contribuir para o bem-estar da sociedade como um todo, promovendo uma visão de mundo onde a compaixão e a justiça prevalecem.

Capítulo 34
Estudo Contínuo

No coração da tradição judaica está o valor sagrado do estudo, uma prática reverenciada que vai além da aquisição de conhecimento e que se configura como um dos pilares da vida espiritual e moral. Desde tempos ancestrais, o estudo contínuo da Torá e dos textos sagrados é visto como um ato de devoção e uma forma de conexão direta com a vontade de Deus. Para o judeu, dedicar-se ao aprendizado é muito mais do que uma atividade intelectual; é um compromisso sagrado que fortalece a fé, eleva o espírito e proporciona orientação em todas as áreas da vida. Essa dedicação ao estudo não se restringe a uma fase específica da vida, mas é um processo contínuo que acompanha o judeu desde a infância até a velhice, permitindo que ele cresça em entendimento e em proximidade com o divino.

O judaísmo valoriza o estudo como uma das expressões mais puras de reverência a Deus, pois através do aprendizado o indivíduo busca compreender e internalizar os mandamentos divinos, os princípios éticos e as narrativas que formam a base da identidade judaica. A Torá, em especial, é considerada a revelação direta de Deus ao povo de Israel e, como tal, é o objeto central de estudo e de reflexão. O ato de estudar a Torá é uma maneira de honrar esse presente divino, de absorver a sabedoria contida em seus versículos e de aplicar seus ensinamentos no cotidiano. O estudo da Torá e dos textos sagrados é uma prática que exige disciplina, humildade e abertura de espírito, qualidades que, segundo o judaísmo, são necessárias para que o indivíduo alcance uma compreensão verdadeira e profunda da vontade de Deus.

No judaísmo, o conceito de aprendizado contínuo é enraizado no princípio de que a sabedoria de Deus é infinita e que cada pessoa pode encontrar novos significados e novas inspirações a cada leitura. A cada etapa da vida, o judeu é incentivado a retornar aos textos sagrados com uma mente renovada e com o desejo de descobrir ensinamentos que antes lhe escapavam. Essa prática de revisitar o conhecimento é conhecida como "shnayim mikra ve'echad targum" — ou "ler duas vezes o versículo e uma vez a tradução" —, e é uma maneira de garantir que os ensinamentos da Torá estejam sempre presentes e compreensíveis em suas vidas. Essa abordagem ao estudo reconhece que a sabedoria divina é vasta demais para ser apreendida completamente em uma única leitura, e que o entendimento dos textos sagrados se aprofunda à medida que o indivíduo avança em sua jornada espiritual.

O Talmude, um dos textos centrais do judaísmo, ensina que o estudo é equivalente a todos os outros mandamentos combinados, pois é ele que leva à prática. Esse princípio reflete a crença de que o conhecimento adquirido através do estudo é o que capacita o judeu a cumprir os mandamentos de forma plena e consciente. O estudo é visto como uma prática que ilumina a mente e o coração, e que prepara o indivíduo para agir com sabedoria, ética e retidão. O Talmude em si é uma fonte riquíssima de debates, discussões e interpretações dos mandamentos da Torá, e seu estudo é considerado um dos maiores empreendimentos intelectuais e espirituais no judaísmo. A prática de estudar o Talmude não é um exercício de mera leitura, mas um envolvimento profundo com as questões morais e espirituais que desafiam o intelecto e que estimulam o judeu a refletir sobre os dilemas éticos e sobre as complexidades da vida.

O estudo da Torá e do Talmude também é uma prática que fomenta a unidade e o diálogo na comunidade judaica. O método tradicional de estudo conhecido como "chavruta" — o estudo em parceria — envolve dois indivíduos que leem, discutem e debatem os textos juntos. Essa abordagem permite que cada participante expresse suas próprias interpretações e ouça as perspectivas do outro, promovendo uma troca de ideias que enriquece a compreensão de ambos. A chavruta é uma prática que encoraja o questionamento, a reflexão e o respeito pelas diferentes interpretações, e que reforça o valor da humildade, pois cada estudioso sabe que há sempre algo novo a aprender e que o entendimento é enriquecido pela visão do outro. Essa prática de estudo em conjunto é uma expressão da fraternidade e da busca coletiva pela verdade, fortalecendo a coesão e o espírito comunitário entre os judeus.

O estudo contínuo não se limita apenas aos textos sagrados, mas abrange também o aprendizado de questões práticas e éticas que são relevantes para a vida cotidiana. No judaísmo, a sabedoria e o conhecimento são considerados ferramentas essenciais para enfrentar os desafios do mundo e para viver uma vida íntegra e significativa. As escolas judaicas, conhecidas como "yeshivot" (plural de yeshivá), são instituições dedicadas ao estudo aprofundado da Torá e do Talmude, onde os estudantes passam anos se dedicando à compreensão dos mandamentos, dos princípios éticos e das questões jurídicas da Halachá, a lei judaica. Esse aprendizado é uma preparação para que cada judeu possa viver de acordo com os valores e as leis da tradição, sendo um reflexo de sua devoção e de seu compromisso com a fé.

Para o convertido ao judaísmo, o estudo contínuo é uma maneira de consolidar sua identidade e de fortalecer sua conexão com Deus e com a comunidade judaica. Ao se dedicar ao aprendizado dos textos sagrados, o convertido se integra à tradição de busca por conhecimento que caracteriza o povo judeu, e encontra na Torá e no Talmude um guia para sua jornada espiritual. Esse compromisso com o estudo é uma maneira de aprofundar sua compreensão dos mandamentos e de internalizar os valores judaicos, transformando-os em uma fonte de inspiração e de direção para sua vida. O estudo contínuo é, para o convertido, uma forma de afirmar sua fé e de celebrar a riqueza espiritual que escolheu abraçar.

Além das yeshivot, as sinagogas e as instituições comunitárias oferecem frequentemente aulas, palestras e grupos de estudo abertos a todos os membros da comunidade. Esses encontros são uma oportunidade de aprendizado e de troca, onde judeus de diferentes idades e formações se reúnem para estudar e discutir as escrituras. Esse ambiente de aprendizado compartilhado fortalece a comunidade e promove o crescimento espiritual de cada participante, permitindo que todos possam contribuir com suas perguntas, ideias e interpretações. O estudo contínuo é, assim, uma prática que transcende as diferenças e que une os membros da comunidade em uma busca comum pela sabedoria e pela verdade.

Outro aspecto importante do estudo contínuo no judaísmo é a transmissão do conhecimento às gerações futuras. A educação das crianças é uma prioridade na tradição judaica, e os pais são incentivados a ensinar seus filhos desde cedo sobre a Torá, os mandamentos e os valores éticos. Esse compromisso com a educação é uma maneira de assegurar que os ensinamentos sagrados sejam transmitidos de geração em geração, fortalecendo a identidade e a continuidade da fé judaica. A tradição do estudo é uma herança que cada geração passa para a próxima, um legado de sabedoria e de fé que preserva e que enriquece a vida espiritual do povo judeu.

O estudo contínuo também é uma forma de renovação e de inspiração espiritual. Ao revisitar os textos sagrados, o judeu encontra novas perspectivas e novas respostas para as questões que surgem em cada fase de sua vida. Esse processo de aprendizado e de reinterpretação é uma fonte de crescimento espiritual, pois permite que o indivíduo se aprofunde em sua compreensão da fé e que se conecte de maneira mais íntima com Deus. O estudo é, portanto, uma prática que mantém a fé viva e que renova o compromisso do judeu com os valores e com a missão espiritual do povo de Israel.

O estudo contínuo é um elemento central da vida judaica, uma prática que fortalece a fé, que enriquece a compreensão dos ensinamentos sagrados e que promove o crescimento espiritual.

Através do aprendizado, o judeu encontra direção e inspiração, e se compromete a viver de acordo com os mandamentos e os valores da Torá. O estudo é uma forma de devoção que une a comunidade, que promove o diálogo e que preserva a herança espiritual do povo judeu. Para o convertido, o estudo contínuo é uma maneira de consolidar sua identidade e de celebrar a escolha de viver segundo os princípios e a sabedoria do judaísmo. A prática do estudo contínuo é, acima de tudo, uma expressão de amor e de reverência a Deus, uma jornada de descoberta que enriquece a vida e que aproxima o indivíduo do divino.

Capítulo 35
Práticas Cotidianas

A prática cotidiana no judaísmo vai muito além de um simples conjunto de hábitos ou rotinas. É, na verdade, uma forma de transformar cada ação em uma expressão de fé, um ato de conexão com o divino. Cada momento da vida diária pode se tornar uma oportunidade para reforçar o vínculo espiritual, e cada pequeno gesto, uma lembrança da presença constante de Deus. Essa abordagem única do judaísmo transforma as atividades mais simples em práticas espirituais que elevam o corpo e a alma, estabelecendo um ritmo de vida que integra a fé em cada aspecto da existência.

Uma das práticas mais importantes e centrais no dia a dia judaico é a recitação das bênçãos. Desde o momento em que acorda, o judeu é incentivado a começar seu dia com uma série de bênçãos que agradecem a Deus por mais uma oportunidade de viver. Essas orações, conhecidas como "Birkot Hashachar" (bênçãos matinais), expressam gratidão por coisas simples e essenciais, como abrir os olhos, a capacidade de se mover e a força para enfrentar o dia. Cada uma dessas bênçãos é um reconhecimento de que tudo na vida, até mesmo as ações mais básicas, é um presente divino. Através dessas bênçãos, o judeu reafirma seu compromisso de viver com gratidão e de reconhecer a presença de Deus em todos os aspectos de sua vida.

Além das bênçãos matinais, o judaísmo oferece uma variedade de orações que acompanham o judeu ao longo do dia. A oração de "Modé Ani", recitada ao acordar, é um agradecimento imediato pela dádiva da vida e pela chance de um novo começo. Já a "Shema Israel" e a "Amidá", que são recitadas três vezes ao dia, oferecem um momento de reflexão e de conexão direta com Deus, onde o judeu pode expressar seus anseios, suas preocupações e suas esperanças. A oração não é vista apenas como um pedido ou uma declaração de fé, mas como um encontro íntimo e pessoal com o divino, uma prática que fortalece a espiritualidade e traz paz ao coração. Esses momentos de oração diária são verdadeiros pontos de pausa, onde o indivíduo pode se reorientar e recordar seu propósito maior, mantendo-se próximo de Deus em meio às atividades do dia.

Outro aspecto importante das práticas cotidianas no judaísmo é a observância das leis de kashrut, que ditam quais alimentos são permitidos e como devem ser preparados. A dieta kosher, além de ser uma expressão de obediência às leis da Torá, é uma forma de disciplina espiritual que ensina o autocontrole, a gratidão e o respeito pela criação divina. Ao seguir essas leis, o judeu transforma o ato de comer em uma prática consciente e sagrada, onde cada refeição se torna uma oportunidade de honrar Deus e de lembrar-se da pureza que Ele deseja para seu povo. A kashrut exige atenção aos detalhes e um comprometimento constante, mas é através dessa dedicação que o judeu encontra significado e uma conexão mais profunda com sua fé.

Além das leis dietéticas, o judaísmo incentiva o cumprimento de diversas outras práticas diárias que promovem a reflexão e o crescimento espiritual. Entre elas está o hábito de recitar a bênção antes das refeições, agradecendo a Deus por prover o sustento e reconhecendo que cada alimento é um presente divino. Ao fazer isso, o judeu eleva o ato de comer, transformando-o em uma oportunidade de expressar sua fé e de reforçar seu vínculo com Deus. A prática de dizer "Birkot Hamazon" — a bênção de agradecimento após as refeições — é igualmente importante, pois é uma forma de reconhecer a bondade divina após desfrutar do alimento. Essas bênçãos são muito mais do que palavras; são rituais que cultivam a humildade e a gratidão, ensinando o indivíduo a ser consciente da presença de Deus em cada aspecto de sua vida.

O Shabat, o dia sagrado de descanso, é um dos momentos mais profundos e significativos da semana judaica. Embora não seja uma prática diária, ele é antecipado e planejado com cuidado durante a semana e afeta a organização da rotina judaica. O Shabat é um tempo reservado para repouso e para a renovação espiritual, onde o judeu se abstém de atividades mundanas e dedica seu tempo a estar em comunhão com Deus e com sua família. Esse dia sagrado começa ao pôr do sol na sexta-feira e se estende até o pôr do sol do sábado, sendo marcado por orações, refeições festivas e um afastamento completo das preocupações do dia a dia. O Shabat é um presente divino, uma oportunidade para o judeu se desconectar do material e se reconectar com o espiritual. Essa pausa semanal é uma prática que traz equilíbrio e que fortalece a relação do indivíduo com Deus e com sua comunidade.

No judaísmo, também há uma série de práticas voltadas para a ética e para o comportamento diário. A Torá ensina que cada judeu deve agir com justiça, honestidade e compaixão em todas as suas interações, e esses valores éticos são parte integral da rotina. O respeito ao próximo, a prática da caridade (tzedakah) e a busca pela paz (shalom) são princípios que orientam o judeu em sua conduta e que fazem parte de sua identidade. No cotidiano, o judeu é incentivado a tratar todos com dignidade e a realizar atos de bondade, cultivando assim uma vida de integridade e de compromisso com os valores da Torá. Esses valores éticos moldam o caráter do indivíduo e contribuem para a construção de uma sociedade mais justa e compassiva.

Outro aspecto fascinante das práticas cotidianas no judaísmo é a orientação para começar e terminar o dia com gratidão e reflexão. Antes de dormir, muitos judeus recitam o "Shema" como uma forma de entrega a Deus e de proteção espiritual. Esse momento de oração noturna é também uma oportunidade para refletir sobre as ações do dia, para pedir perdão por erros cometidos e para reafirmar o desejo de viver de acordo com os ensinamentos divinos. Essa prática promove a introspecção e a humildade, permitindo que o judeu encerre seu dia em paz e com o coração voltado a Deus. A consciência de que cada dia é um presente, e de que cada ação tem um significado espiritual, é uma marca distintiva da vida judaica.

A prática do tzitzit e do tefilin são também aspectos importantes da vida diária para muitos judeus. O tzitzit, as franjas que pendem das roupas usadas por homens judeus, serve como um lembrete constante dos mandamentos de Deus e da necessidade de viver em conformidade com a vontade divina. O tefilin, um conjunto de pequenas caixas de couro contendo passagens da Torá, é colocado no braço e na cabeça durante as orações matinais. Esses símbolos físicos são lembranças visuais e táteis do compromisso do judeu com Deus e da importância de manter a mente e o coração voltados para o sagrado em todas as suas ações.

Para o convertido ao judaísmo, as práticas cotidianas são uma maneira de incorporar os valores e as tradições da fé em sua vida de forma tangível e significativa. Cada prática é uma oportunidade de se aproximar mais de Deus e de se integrar plenamente à comunidade judaica. Através dessas rotinas sagradas, o convertido aprende a viver sua fé de maneira prática, fortalecendo sua identidade e sua conexão com a herança espiritual que escolheu abraçar. As práticas cotidianas se tornam não apenas uma expressão de devoção, mas também uma fonte de conforto e de significado, uma maneira de experimentar o sagrado em cada aspecto da vida.

As práticas cotidianas no judaísmo são muito mais do que simples rituais; elas são expressões de fé, de gratidão e de conexão com o divino. Cada gesto e cada palavra são impregnados de significado, transformando a rotina em uma série de atos sagrados que nutrem o espírito e que aproximam o judeu de Deus. A vida diária se torna, assim, um verdadeiro caminho de santidade, onde até as menores ações têm um propósito espiritual. Essas práticas, que abrangem orações, bênçãos, leis dietéticas e valores éticos, fortalecem o judeu em sua jornada espiritual e ajudam a construir uma vida de retidão, de paz e de devoção. Para o convertido, elas são uma maneira de viver o compromisso com a fé judaica em toda sua plenitude, celebrando cada dia como uma oportunidade de se conectar com Deus e de honrar a herança do povo judeu.

Capítulo 36
Ética na Vida Profissional

A ética judaica não é algo reservado apenas para os espaços sagrados ou para os momentos de oração; ela é uma estrutura que permeia todos os aspectos da vida, incluindo o ambiente de trabalho. No judaísmo, o trabalho é visto como uma extensão da espiritualidade do indivíduo, um meio de expressar valores sagrados na vida cotidiana e de contribuir positivamente para a sociedade. O conceito de ética profissional na tradição judaica não se limita ao sucesso financeiro ou ao cumprimento de obrigações básicas; ele exige uma conduta marcada pela integridade, pela justiça e pelo respeito ao próximo. A vida profissional, assim como a vida espiritual, é uma oportunidade de cumprir os mandamentos da Torá, de promover o bem-estar coletivo e de honrar a criação divina.

Desde os tempos bíblicos, o trabalho foi reconhecido como uma parte essencial da vida humana. O Livro do Gênesis descreve Deus dando a Adão a tarefa de "cultivar e guardar o jardim" do Éden, o que simboliza a responsabilidade humana de cuidar do mundo e de desenvolver suas potencialidades. O trabalho, portanto, é visto como uma missão dada por Deus, uma maneira de participar do processo de criação e de contribuir para o bem comum. Esse conceito de trabalho como um serviço divino se reflete na ética judaica, que instrui o indivíduo a agir com honestidade, diligência e responsabilidade em todas as suas atividades profissionais. O trabalho se torna, assim, um campo onde o judeu pode expressar seu compromisso com os valores da Torá, transformando suas ações diárias em uma forma de serviço a Deus e ao próximo.

Uma das virtudes mais valorizadas na ética judaica é a honestidade, um princípio que é especialmente importante no contexto profissional. O Talmude, um dos textos fundamentais da tradição judaica, enfatiza a importância de conduzir os negócios com integridade e de evitar qualquer forma de engano. O comerciante é orientado a ser justo e transparente em suas transações, a oferecer produtos de qualidade e a cobrar um preço justo por seus serviços. Esse compromisso com a honestidade reflete o ensinamento de que enganar o próximo é um desrespeito não apenas à pessoa enganada, mas também a Deus, que observa todas as ações humanas. A ética profissional no judaísmo exige que o indivíduo trate seus colegas, clientes e fornecedores com respeito e sinceridade, criando uma cultura de confiança e de responsabilidade.

A honestidade nas finanças e nas transações é outro aspecto central da ética judaica no trabalho. O conceito de "midvar sheker tirchak" — afastar-se da falsidade — orienta o judeu a manter uma conduta financeira limpa e a evitar qualquer tipo de fraude ou manipulação. Essa integridade financeira se estende ao pagamento justo e pontual dos salários, conforme prescrito na Torá. A lei judaica exige que os empregadores paguem seus empregados sem atraso, reconhecendo que o sustento de uma pessoa é algo sagrado e que atrasar um pagamento pode causar sofrimento desnecessário. Esse compromisso com a justiça nas finanças reflete o valor que o judaísmo dá ao bem-estar e à dignidade de cada trabalhador, reconhecendo que cada pessoa tem o direito de ser tratada com respeito e de receber uma compensação justa pelo seu esforço.

Outro princípio fundamental da ética profissional judaica é a responsabilidade social, um valor que se manifesta no conceito de "tikkun olam" — a reparação do mundo. No contexto do trabalho, o tikkun olam implica que o indivíduo deve contribuir para o bem-estar da sociedade e agir de forma a beneficiar o coletivo. A prática profissional não deve ser motivada apenas pelo lucro pessoal, mas deve também promover o bem comum e ajudar a construir uma sociedade mais justa e equilibrada. Esse princípio incentiva os empresários e profissionais a considerarem o impacto de suas ações no meio ambiente, na economia e nas pessoas ao seu redor. O judaísmo ensina que o trabalho é uma oportunidade de transformar o mundo, e que cada pessoa tem a responsabilidade de usar suas habilidades e seus recursos para promover a justiça, a paz e o bem-estar de todos.

No ambiente de trabalho, o respeito pelo próximo é um valor essencial que guia a conduta ética no judaísmo. Esse respeito inclui tratar todos com dignidade, independentemente de sua posição ou função. A ética judaica ensina que cada pessoa foi criada à imagem de Deus e, portanto, merece ser tratada com consideração e respeito. No local de trabalho, esse princípio se traduz em práticas de inclusão, igualdade e valorização das habilidades de cada colaborador. A discriminação, o assédio e qualquer forma de abuso são contrários aos ensinamentos judaicos, que promovem um ambiente onde todos possam se sentir seguros e respeitados. O respeito pelo próximo no ambiente de trabalho não é apenas uma obrigação moral, mas também uma forma de honrar a criação divina e de reconhecer o valor inerente de cada ser humano.

Além do respeito, a ética judaica também promove o princípio de "shalom bayit" — a paz e a harmonia no ambiente. Embora o termo "shalom bayit" seja frequentemente associado ao lar, ele também se aplica ao local de trabalho, onde o clima de cooperação e de paz é essencial para o sucesso e para a realização de todos os envolvidos. O judaísmo ensina que os conflitos devem ser resolvidos de maneira justa e pacífica, e que o diálogo e a empatia são ferramentas valiosas para promover a harmonia. A ética profissional judaica incentiva o indivíduo a agir com paciência e a buscar o consenso, evitando ações que possam gerar atritos desnecessários. Ao promover a paz no ambiente de trabalho, o judeu contribui para a criação de um espaço onde todos possam se desenvolver e trabalhar em harmonia.

A ética profissional no judaísmo também inclui o compromisso com a qualidade e a excelência. No trabalho, o judeu é incentivado a fazer o seu melhor, a oferecer produtos e serviços de qualidade e a agir com responsabilidade e competência. Esse compromisso com a excelência não é motivado apenas pelo desejo de sucesso profissional, mas é uma maneira de honrar Deus e de expressar gratidão pelas habilidades e pelas oportunidades recebidas. A Torá ensina que o trabalho bem feito é uma forma de serviço a Deus e uma maneira de contribuir para o bem-estar da comunidade. O judeu é orientado a trabalhar com dedicação e a buscar a melhoria constante, oferecendo seu melhor em tudo o que faz e transformando o trabalho em uma expressão de sua espiritualidade.

Outro aspecto importante da ética judaica no trabalho é a generosidade. A prática de dar tzedakah (caridade) é uma responsabilidade que o judeu deve cumprir em todas as áreas de sua vida, incluindo o trabalho. Muitos empresários e profissionais judeus reservam uma parte de seus ganhos para ajudar os necessitados, promovendo o bem-estar da comunidade e contribuindo para causas sociais. A tzedakah no ambiente de trabalho é uma maneira de praticar o tikkun olam e de transformar o sucesso financeiro em uma bênção para os outros. A generosidade é vista como uma forma de devolver à comunidade e de demonstrar gratidão a Deus, que é a fonte de todas as bênçãos.

Para o convertido ao judaísmo, a ética no trabalho é uma forma de expressar seu compromisso com os valores e os ensinamentos da Torá. Ao adotar uma conduta ética e responsável, ele não apenas honra sua nova fé, mas também reforça sua identidade e sua conexão com a comunidade judaica. As práticas éticas no ambiente de trabalho permitem que o convertido aplique os ensinamentos da Torá em sua vida diária, vivendo de acordo com os princípios de justiça, honestidade e respeito que caracterizam o judaísmo. A ética profissional se torna, assim, uma maneira de fortalecer sua fé e de celebrar a escolha de seguir os mandamentos divinos.

A ética na vida profissional é um dos pilares da prática judaica, uma forma de viver os valores da Torá e de transformar o trabalho em um ato de devoção. A honestidade, a justiça, o respeito pelo próximo, a responsabilidade social e a generosidade são princípios que guiam o judeu em sua conduta profissional e que fazem do trabalho uma oportunidade de servir a Deus e à comunidade. Esses valores éticos não apenas promovem o sucesso individual, mas também contribuem para a construção de uma sociedade mais justa e compassiva. Para o convertido, a ética no trabalho é uma maneira de viver a fé de maneira prática, transformando cada ação em uma expressão de compromisso com os ensinamentos do judaísmo e com o propósito divino.

Capítulo 37
Sabedoria e Conselho

No judaísmo, a sabedoria ocupa um lugar central e é vista não apenas como um acúmulo de conhecimento, mas como uma virtude que guia as ações e as decisões de maneira ética e ponderada. A busca pela sabedoria é incentivada desde a juventude e é uma prática que acompanha o judeu ao longo de toda a vida. Essa busca não se limita ao entendimento dos textos sagrados; ela se estende também à forma como o indivíduo navega pelos desafios do cotidiano, interage com os outros e toma decisões que afetam tanto sua vida pessoal quanto sua comunidade. A sabedoria judaica é, em grande medida, uma sabedoria prática e aplicada, uma orientação para a ação que busca alinhar o comportamento humano com os princípios e os mandamentos da Torá.

A Torá e o Talmude são as fontes primordiais da sabedoria judaica e servem como guias para uma vida virtuosa e ética. O estudo desses textos não apenas proporciona conhecimento sobre as leis e tradições, mas também inspira o indivíduo a cultivar qualidades como a paciência, a humildade e a justiça. No Talmude, a busca pela sabedoria é frequentemente relacionada à ideia de "Yirat Shamayim", ou "o temor dos céus", que é a reverência e o respeito profundos pela vontade de Deus. Esse temor reverente é considerado o alicerce de toda verdadeira sabedoria, pois, segundo o judaísmo, o verdadeiro sábio não é aquele que acumula conhecimento, mas aquele que usa esse conhecimento para servir a Deus e para promover o bem-estar de sua comunidade.

A figura do conselheiro é uma das expressões mais importantes da sabedoria judaica. No judaísmo, o conselheiro não é apenas um orientador; ele é alguém que possui a habilidade de enxergar além das aparências e de oferecer uma orientação que seja ao mesmo tempo prática e espiritual. Esse papel é ocupado frequentemente pelos sábios e pelos anciãos da comunidade, que são respeitados por sua experiência e por seu profundo conhecimento dos textos sagrados. No Talmude, a importância de buscar conselho é reiterada em diversas passagens, pois o conselheiro é visto como um guia que ajuda o indivíduo a tomar decisões corretas e a evitar erros que possam prejudicar sua vida espiritual e moral. A sabedoria e o conselho caminham juntos, e o judeu é incentivado a buscar orientação em momentos de dúvida, reconhecendo que a verdadeira sabedoria muitas vezes reside na capacidade de ouvir e de aprender com a experiência dos outros.

A busca pelo conselho é um aspecto essencial do judaísmo e é vista como uma prática que promove a humildade e o autocontrole. A Torá ensina que o orgulho é um obstáculo ao aprendizado e que o indivíduo sábio é aquele que reconhece suas limitações e que está disposto a aprender com os outros. Ao buscar conselho, o judeu demonstra um respeito pelo conhecimento alheio e uma abertura para crescer e para se aperfeiçoar. Essa disposição para ouvir e para refletir é uma característica dos grandes sábios do judaísmo, que são reconhecidos não apenas por sua erudição, mas também por sua humildade e por sua capacidade de acolher diferentes perspectivas. No judaísmo, o ato de buscar conselho é uma expressão de maturidade espiritual e de compromisso com a verdade.

Para o judeu, a sabedoria não é um fim em si mesma, mas um meio de fortalecer seu vínculo com Deus e de cumprir Sua vontade de forma mais plena. Esse entendimento é expresso na ideia de "Torah Lishmah", ou "o estudo da Torá pelo próprio estudo", que valoriza o aprendizado como uma prática sagrada e como um ato de devoção. Quando o indivíduo busca a sabedoria com um coração puro, ele se aproxima de Deus e se torna um instrumento para a realização de Seus propósitos. A sabedoria, assim, é vista como uma dádiva divina, uma qualidade que eleva a mente e o espírito e que capacita o indivíduo a viver de acordo com os preceitos da fé. É através dessa busca pela sabedoria que o judeu encontra direção e clareza, e que ele desenvolve a capacidade de discernir entre o bem e o mal em todas as áreas da vida.

No judaísmo, a importância da sabedoria é também ressaltada na educação dos filhos e na transmissão do conhecimento às gerações futuras. Desde cedo, as crianças são ensinadas a valorizar o estudo e a buscar a sabedoria como um bem precioso. Esse compromisso com a educação é uma maneira de assegurar que os valores e os ensinamentos da tradição sejam preservados e de que a comunidade se fortaleça e prospere ao longo do tempo. Os pais são incentivados a servir de exemplo para seus filhos, demonstrando em suas ações a importância da integridade, da justiça e da compaixão. O conselho, nesse contexto, é uma forma de orientação que os pais oferecem aos filhos, ajudando-os a construir uma base sólida de valores e de princípios que os guiarão ao longo da vida.

O respeito pelos mais velhos e pelos sábios é outro elemento central da sabedoria judaica. A Torá ensina que o ancião deve ser respeitado, pois ele é um símbolo de experiência e de conhecimento. Na tradição judaica, os anciãos são vistos como guardiões da memória coletiva e como fontes de sabedoria que enriquecem a comunidade com suas histórias e com seus ensinamentos. Esse respeito pela sabedoria dos mais velhos é uma maneira de reconhecer o valor da experiência e de aprender com aqueles que vieram antes. O conselho dos anciãos é especialmente valioso em momentos de crise e de transição, quando a orientação de alguém com experiência pode oferecer uma perspectiva mais ampla e uma compreensão mais profunda dos desafios enfrentados.

Para o convertido ao judaísmo, a busca pela sabedoria e pelo conselho é uma maneira de se integrar à comunidade e de aprender os valores e os ensinamentos da fé de maneira prática.

Ao buscar orientação junto aos sábios e aos líderes espirituais, o convertido encontra uma fonte de apoio e de inspiração que o ajuda a se aprofundar em sua nova fé e a aplicar os princípios judaicos em sua vida diária. Essa busca pelo conselho é também uma expressão de respeito pela tradição e uma forma de fortalecer sua identidade como judeu, reconhecendo que a sabedoria da comunidade é um recurso valioso que pode enriquecer sua jornada espiritual e proporcionar uma compreensão mais plena dos ensinamentos da Torá.

No contexto da comunidade judaica, a prática de oferecer e de buscar conselho cria um ambiente de apoio e de cooperação, onde cada membro pode contribuir para o bem-estar coletivo. Esse ambiente de troca e de aprendizado é fundamental para a coesão da comunidade e para a continuidade da tradição. Os sábios e os conselheiros desempenham um papel importante como líderes espirituais e como fontes de inspiração, orientando a comunidade e ajudando cada indivíduo a encontrar seu caminho. A sabedoria compartilhada e o conselho mútuo são práticas que fortalecem o vínculo entre os membros da comunidade e que promovem um espírito de união e de solidariedade.

A sabedoria e o conselho são valores fundamentais no judaísmo, expressões de uma busca constante pela verdade e pela proximidade com Deus. Através do estudo, da reflexão e da orientação dos sábios, o judeu encontra uma base sólida para tomar decisões e para enfrentar os desafios da vida. A busca pela sabedoria é uma prática que promove a humildade, a integridade e o crescimento espiritual, e que fortalece a conexão do indivíduo com sua fé e com sua comunidade. Para o convertido, essa busca é uma maneira de se integrar à tradição e de aprofundar sua compreensão dos valores judaicos, permitindo que ele viva sua nova fé de maneira autêntica e significativa.

A sabedoria no judaísmo não é um objetivo isolado; é uma qualidade que ilumina o caminho do indivíduo e que o ajuda a viver de acordo com a vontade de Deus. O conselho, por sua vez, é uma manifestação dessa sabedoria compartilhada, um recurso que fortalece a comunidade e que enriquece a vida de cada membro. Através da busca pela sabedoria e do respeito pelo conselho dos outros, o judeu cultiva uma vida de retidão, de compaixão e de compromisso com os ensinamentos divinos.

Capítulo 38
Altruísmo e Prosperidade

No judaísmo, o altruísmo é considerado um dos atos mais sagrados e essenciais para uma vida verdadeiramente próspera. A prática do altruísmo não se limita ao simples ato de dar, mas é vista como uma forma de elevar o espírito, de fortalecer a comunidade e de aproximar-se de Deus. A tradição judaica ensina que a prosperidade verdadeira não se mede apenas pela acumulação de bens materiais, mas pela capacidade de transformar esses recursos em bênçãos para os outros. Dessa forma, o altruísmo e a prosperidade se entrelaçam em uma dança espiritual, onde a generosidade se torna uma expressão concreta do amor e da gratidão a Deus.

A Tzedakah, termo hebraico que significa caridade e justiça, é um conceito fundamental no judaísmo. Diferentemente da caridade como é vista em outras tradições, que é muitas vezes entendida como um ato de bondade opcional, a Tzedakah é uma obrigação sagrada. O judeu é ensinado a enxergar a Tzedakah como uma responsabilidade moral e espiritual, uma maneira de restituir à sociedade e de equilibrar as desigualdades. Em essência, a Tzedakah é um reconhecimento de que toda prosperidade vem de Deus e de que os recursos materiais são dados ao indivíduo para que ele os use de forma justa e compassiva. A prática da Tzedakah, portanto, não é um favor, mas um dever, uma forma de criar justiça social e de elevar tanto o doador quanto o beneficiado.

No judaísmo, o ato de doar é visto como um caminho para a verdadeira prosperidade, uma prosperidade que transcende o material e que atinge o nível espiritual. Segundo os ensinamentos judaicos, quando uma pessoa pratica a Tzedakah, ela não apenas beneficia o outro, mas também atrai bênçãos para si mesma. A tradição ensina que a generosidade é uma forma de abrir o coração e de permitir que a abundância de Deus flua para dentro e para fora de sua vida. Esse fluxo de generosidade cria uma reciprocidade espiritual, onde dar e receber se tornam parte de um mesmo processo de elevação. Aquele que dá com o coração sincero recebe a prosperidade divina, uma prosperidade que se manifesta não apenas em bens materiais, mas em paz, em harmonia e em um senso profundo de propósito.

A prática da Tzedakah no judaísmo é também uma forma de promover a dignidade e o respeito pelos outros. Ao ajudar os necessitados, o judeu é orientado a fazê-lo de maneira que preserve a honra e a autoestima do beneficiado. Por exemplo, a tradição judaica valoriza o ato de dar anonimamente ou de maneira que o receptor não se sinta constrangido ou inferiorizado. Isso reflete o entendimento de que a verdadeira generosidade é aquela que respeita o outro como um igual, reconhecendo sua dignidade e seu valor intrínseco. A prosperidade, nesse sentido, é vista como um meio de promover a dignidade humana, de transformar a própria riqueza em um instrumento de elevação espiritual e de justiça.

No contexto judaico, o altruísmo também se estende ao cuidado com a comunidade e com o meio ambiente. O conceito de "tikkun olam" — a reparação do mundo — ensina que cada pessoa tem a responsabilidade de contribuir para o bem-estar da criação e para a melhoria da sociedade. O tikkun olam é uma forma de altruísmo que vai além da caridade direta e que abrange todos os atos que promovem a paz, a justiça e a harmonia. Ao engajar-se em atividades que beneficiam a sociedade, como a preservação ambiental, o voluntariado e o apoio a causas justas, o judeu cumpre seu papel como um guardião do mundo e como um parceiro de Deus na obra da criação. Essa responsabilidade é uma maneira de usar a prosperidade e os talentos pessoais para deixar um legado positivo e para contribuir para um mundo melhor.

A relação entre altruísmo e prosperidade no judaísmo também é explorada no conceito de "maaser", ou dízimo. A prática do maaser orienta o judeu a reservar uma décima parte de seus ganhos para a caridade e para o apoio à comunidade. Esse ato de separação de uma parte dos próprios recursos para ajudar os outros é visto como um lembrete constante de que tudo pertence a Deus e de que o indivíduo é apenas um administrador das bênçãos recebidas. O maaser é uma disciplina espiritual que fortalece a consciência de interdependência e de responsabilidade para com o próximo. Ao cumprir o maaser, o judeu demonstra sua confiança em Deus e reconhece que a verdadeira prosperidade é alcançada através do compartilhamento e da generosidade.

Para o convertido ao judaísmo, o altruísmo e a prática da Tzedakah são formas de integrar-se à comunidade e de vivenciar a fé de maneira tangível. Ao participar de atividades de caridade e ao contribuir para o bem-estar coletivo, o convertido expressa seu compromisso com os valores judaicos e com a missão de promover a justiça e a bondade no mundo. O altruísmo é, para o convertido, uma maneira de manifestar seu amor por Deus e por sua nova comunidade, e de viver de acordo com os princípios de sua fé. Ao transformar a prosperidade em um instrumento de elevação espiritual, o convertido encontra uma fonte de realização e de conexão profunda com o propósito divino.

A tradição judaica ensina que o altruísmo é também uma forma de cultivar a humildade. Ao dar de si mesmo, seja em forma de recursos financeiros, de tempo ou de habilidades, o indivíduo reconhece que sua prosperidade é um dom divino e que ele é apenas um canal através do qual as bênçãos de Deus podem se manifestar no mundo. Esse reconhecimento leva à gratidão e à humildade, pois o doador percebe que ele é, ao mesmo tempo, dependente e beneficiário da generosidade de Deus. A prosperidade, então, deixa de ser um objetivo egoísta e se torna uma oportunidade de servir ao próximo, de agir com compaixão e de viver em harmonia com os ensinamentos divinos.

O altruísmo no judaísmo também se reflete no conceito de "gemilut chasadim", que significa "atos de bondade amorosa".

Diferente da Tzedakah, que muitas vezes envolve uma contribuição material, o gemilut chasadim pode ser realizado de inúmeras maneiras, incluindo visitas aos enfermos, apoio aos enlutados, e atos de conforto e encorajamento. Esses atos de bondade são considerados tão sagrados quanto a Tzedakah, pois eles demonstram um compromisso com o bem-estar emocional e espiritual do próximo. A prosperidade, no sentido judaico, inclui a capacidade de oferecer apoio e de estar presente para os outros em momentos de necessidade, transformando cada interação em uma oportunidade de expressar amor e compaixão.

    O altruísmo e a prosperidade no judaísmo são conceitos profundamente interligados que definem a maneira como o judeu é orientado a viver em relação a Deus e aos outros. A verdadeira prosperidade é vista como uma bênção que só se completa quando compartilhada, e o altruísmo é a expressão prática dessa partilha, uma forma de manifestar o amor divino no mundo. Através da Tzedakah, do maaser, do tikkun olam e do gemilut chasadim, o judeu transforma seus recursos em ferramentas de elevação espiritual e de justiça. Para o convertido, essas práticas são uma maneira de viver a fé com autenticidade, de integrar-se à comunidade e de participar da missão de criar um mundo mais justo e compassivo.

    Assim, o altruísmo no judaísmo não é apenas um mandamento, mas uma escolha de vida, uma forma de enriquecer a própria alma ao cuidar do próximo e ao transformar a prosperidade material em uma fonte de bênçãos para todos.

Capítulo 39
Conflitos e Fé

O judaísmo reconhece a complexidade das relações humanas e a inevitabilidade dos conflitos. No entanto, também ensina que a maneira como lidamos com esses conflitos pode ser uma poderosa expressão de nossa fé e de nosso compromisso com os ensinamentos divinos. Em uma perspectiva judaica, os conflitos não são necessariamente destrutivos; eles podem ser vistos como oportunidades para o crescimento, para a prática da justiça e para o aprofundamento das conexões entre as pessoas. Através do cultivo da paz, da compaixão e do respeito, o judaísmo oferece uma estrutura ética e espiritual para que os conflitos sejam abordados de maneira construtiva e compassiva, guiando cada pessoa a agir em sintonia com os valores sagrados.

O conceito de "shalom" — paz — é um dos valores mais centrais do judaísmo e está profundamente enraizado em todas as práticas de vida. O Talmude ensina que Deus é o "Mestre da Paz" e que a paz é a base de toda a criação. Portanto, ao resolver conflitos de maneira pacífica e justa, o judeu está imitando os caminhos divinos e contribuindo para a harmonia no mundo. Esse compromisso com a paz não significa evitar o confronto a qualquer custo, mas sim buscar a resolução dos conflitos com um coração aberto e com uma atitude de respeito e de compreensão. A paz, nesse contexto, é um objetivo ativo que exige esforço, discernimento e disposição para ouvir e entender o outro.

A Torá ensina que o respeito e a justiça são elementos essenciais na resolução de conflitos. A prática do "din Torah", ou julgamento da Torá, é um processo de mediação e de arbitragem baseado nos ensinamentos da Lei judaica. Nos casos de disputas entre indivíduos, o din Torah oferece uma maneira de buscar soluções justas e equilibradas, sempre baseadas nos princípios da Torá e guiadas pela sabedoria dos rabinos. Esse sistema de resolução de conflitos é uma expressão do compromisso com a justiça e com a igualdade, garantindo que todos os envolvidos sejam tratados com respeito e que suas necessidades sejam levadas em consideração. A busca pela justiça é uma forma de honrar a presença de Deus e de fortalecer a comunidade através de uma solução pacífica e justa.

Outro princípio importante na abordagem judaica dos conflitos é o "lashon hara", ou "maledicência". No judaísmo, as palavras têm um poder profundo, e a maneira como se fala sobre os outros é considerada um reflexo do respeito e do amor ao próximo. O lashon hara refere-se ao ato de falar negativamente sobre outra pessoa, mesmo que o que se diga seja verdade. A tradição judaica adverte contra a prática de espalhar rumores, críticas ou julgamentos que possam causar mágoa ou desconfiança, especialmente em situações de conflito. Em vez disso, o judeu é incentivado a usar suas palavras de maneira construtiva, a praticar o silêncio quando necessário e a buscar a reconciliação em vez de alimentar a discórdia. Essa disciplina na fala é uma forma de fortalecer a paz e de evitar a escalada dos conflitos.

A prática do perdão é outro aspecto fundamental na abordagem judaica dos conflitos. O Yom Kipur, o Dia da Expiação, é um dos momentos mais sagrados do calendário judaico e é dedicado à reflexão, ao arrependimento e ao perdão. Durante esse período, os judeus são incentivados a buscar o perdão de Deus, mas também a perdoar uns aos outros e a pedir desculpas por erros cometidos. Esse processo de perdão mútuo é uma maneira de restaurar a harmonia e de liberar o coração de sentimentos de rancor e de mágoa. O judaísmo ensina que o perdão não é apenas um benefício para quem o recebe, mas também para quem o concede, pois ele liberta a pessoa de fardos emocionais e permite que ela siga em paz. O ato de perdoar e de pedir perdão é, assim, uma prática espiritual que promove o crescimento pessoal e o fortalecimento dos laços comunitários.

A importância do diálogo é enfatizada no judaísmo como uma maneira de resolver conflitos de forma construtiva. A tradição judaica valoriza o questionamento e a discussão como formas de aprofundar a compreensão e de explorar diferentes perspectivas. No Talmude, por exemplo, os debates entre rabinos sobre as interpretações da Torá são uma parte essencial do estudo e do aprendizado. Esse modelo de discussão respeitosa serve como exemplo para lidar com os conflitos, mostrando que o desacordo pode ser uma oportunidade para o diálogo e para o crescimento mútuo, desde que seja abordado com respeito e com a intenção de encontrar uma solução que beneficie a todos.

No judaísmo, o valor do "teshuvá", ou arrependimento, desempenha um papel central na reconciliação de conflitos. O teshuvá não é apenas um ato de arrependimento, mas um processo de transformação e de compromisso com uma nova atitude. Quando alguém causa dor ou prejuízo a outro, a tradição judaica ensina que o caminho para a paz passa pelo reconhecimento do erro, pela busca do perdão e pela tentativa de corrigir o dano causado. Esse processo de teshuvá é visto como uma forma de redenção e de renovação espiritual, um meio de restaurar o equilíbrio e de construir uma base mais forte para as relações. Através do teshuvá, o judeu não apenas reconcilia com o outro, mas também com Deus e consigo mesmo, reafirmando seu compromisso com a retidão e com a integridade.

Para o convertido ao judaísmo, a maneira de lidar com os conflitos é uma oportunidade de vivenciar os valores da nova fé de forma prática e profunda. Ao aplicar os princípios judaicos de justiça, de perdão e de respeito no enfrentamento dos desafios da vida, o convertido não apenas fortalece sua identidade como judeu, mas também desenvolve uma conexão mais próxima com Deus e com a comunidade. Lidar com os conflitos de maneira ética e compassiva permite que o convertido integre os ensinamentos da Torá em sua vida diária e que experimente a paz que vem de viver em harmonia com os preceitos divinos.

O judaísmo ensina que cada pessoa tem um papel na promoção da paz e na construção de um ambiente de compreensão e de respeito. Esse compromisso com a paz não é apenas uma obrigação individual, mas um dever comunitário, onde cada membro da comunidade tem a responsabilidade de contribuir para um clima de harmonia e de apoio mútuo. No Talmude, há um ensinamento que diz: "Se dois cavalos estão puxando uma carroça e um cavalo para, a carroça não avança." Esse ensinamento simboliza a importância da cooperação e da solidariedade, mostrando que a paz e o sucesso da comunidade dependem da contribuição de cada pessoa. Ao resolver conflitos de maneira pacífica, o judeu contribui para o fortalecimento da comunidade e para a realização de uma sociedade mais justa e compassiva.

  O judaísmo oferece uma abordagem única e rica para a resolução de conflitos, baseada em valores de paz, justiça, respeito e compaixão. O compromisso com a paz e com o diálogo, a prática do perdão e do arrependimento, e o respeito pelo outro são fundamentos que permitem ao judeu lidar com os conflitos de maneira construtiva e espiritualmente significativa. Ao enfrentar os desafios da vida com fé e com ética, o judeu demonstra seu compromisso com os ensinamentos divinos e contribui para a construção de um mundo mais harmonioso.

  Para o convertido, a resolução de conflitos de acordo com os valores judaicos é uma maneira de expressar sua fé e de viver em sintonia com os preceitos da Torá. Essa prática não apenas fortalece suas relações interpessoais, mas também aprofunda sua conexão com Deus e com a comunidade, permitindo que ele experimente o verdadeiro significado de shalom. No judaísmo, o conflito é uma oportunidade para o crescimento, para a paz e para a renovação, um caminho para a realização de uma vida que reflete a presença divina em cada gesto, em cada palavra e em cada decisão.

Capítulo 40
Oração e Propósito

No coração da vida judaica, a oração ocupa um papel fundamental, sendo uma prática que conecta o indivíduo diretamente com Deus e com seu propósito no mundo. Mais do que simples recitações, as orações são vistas como pontes espirituais que atravessam as barreiras do cotidiano e permitem ao judeu um contato íntimo e verdadeiro com o divino. No judaísmo, cada oração é uma afirmação da fé, uma declaração de humildade e, sobretudo, uma oportunidade de alinhar-se com a vontade divina. A oração não apenas ajuda o judeu a expressar gratidão e pedido de ajuda, mas também a encontrar clareza em seus objetivos e a descobrir seu verdadeiro propósito de vida.

A oração judaica, ou "tefilá", é uma prática que abrange diversos momentos do dia e é composta por uma rica tradição de textos, salmos e bênçãos que conduzem o fiel a um estado de reflexão e de conexão espiritual. Três vezes ao dia, o judeu é convidado a se dedicar à oração: pela manhã (Shacharit), à tarde (Minchá) e à noite (Arvit). Esses momentos de oração formam uma estrutura que molda o dia e que serve como um lembrete constante da presença de Deus. A oração, portanto, não é uma obrigação isolada, mas uma maneira de trazer a espiritualidade para o centro da vida cotidiana e de transformar o dia a dia em uma experiência de encontro com o divino.

A "Amidá", ou "Oração em Pé", é uma das partes mais sagradas da liturgia judaica e representa um momento em que o judeu se coloca diante de Deus de forma direta e íntima. Composta por diversas bênçãos, a Amidá aborda temas como gratidão, pedido de perdão, cura e paz. Ao recitar essas bênçãos, o indivíduo reconhece sua dependência de Deus e expressa sua confiança na misericórdia e na providência divina. A Amidá é um momento de silêncio interior e de concentração profunda, onde cada palavra é carregada de significado e de intenção. Essa prática é uma forma de sintonizar o coração e a mente com a vontade divina, e de buscar orientação para enfrentar os desafios e as decisões da vida com sabedoria e humildade.

No judaísmo, a oração também é vista como uma prática comunitária que fortalece os laços entre os membros da comunidade e que cria um senso de unidade e de propósito comum. A oração em grupo, ou "minyan", exige a presença de pelo menos dez pessoas e é uma expressão de solidariedade e de apoio mútuo. Ao se reunir para orar, a comunidade judaica reafirma seu compromisso coletivo com Deus e com os ensinamentos da Torá. Esse ato de oração comunitária é uma maneira de compartilhar as alegrias e as dificuldades, de apoiar uns aos outros e de lembrar que cada pessoa faz parte de algo maior. A oração comunitária fortalece a fé, não apenas em Deus, mas também nos laços que unem a comunidade e nos valores que guiam cada indivíduo.

A importância da intenção, ou "kavaná", é um elemento essencial da oração judaica. Kavaná refere-se ao estado de concentração e à sinceridade com que o indivíduo se dedica à oração. No judaísmo, não basta recitar as palavras; é necessário que o coração e a mente estejam plenamente envolvidos no ato de orar. A kavaná transforma a oração em uma experiência autêntica e significativa, onde o indivíduo realmente se abre para a presença divina e expressa seus sentimentos mais profundos. Essa intenção é uma forma de humildade e de entrega, uma maneira de deixar de lado as distrações e de focar no que realmente importa. A kavaná torna a oração uma experiência de transformação espiritual, onde cada palavra e cada gesto são impregnados de fé e de reverência.

Além da conexão com Deus, a oração no judaísmo é também uma maneira de refletir sobre o propósito de vida e de buscar orientação para viver de acordo com os ensinamentos divinos. Em momentos de oração, o judeu é incentivado a avaliar suas ações, a buscar o autoconhecimento e a pedir força para seguir o caminho da retidão. A oração é, portanto, um momento de introspecção e de busca por clareza. Ao se voltar para Deus, o judeu é lembrado de sua missão no mundo e de seu papel em trazer bondade, justiça e compaixão à sociedade. A oração não apenas fortalece a fé, mas também ajuda a definir as metas e os objetivos, orientando o indivíduo a alinhar suas ações com os valores e com o propósito da vida.

Para o convertido ao judaísmo, a prática da oração é uma maneira de internalizar os valores e os ensinamentos da nova fé e de encontrar orientação para os desafios da vida. A oração oferece ao convertido uma conexão direta com Deus e uma maneira de expressar seus sentimentos e desejos de forma sincera. Ao participar das orações comunitárias, o convertido se integra à comunidade e experimenta a força da solidariedade e do apoio mútuo. A oração se torna, assim, um caminho para fortalecer a identidade judaica e para descobrir um propósito de vida alinhado com os ensinamentos da Torá. É uma prática que enriquece a espiritualidade e que oferece ao convertido um espaço de acolhimento e de renovação.

O Salmo 23, um dos textos mais conhecidos e recitados da tradição judaica, é um exemplo poderoso de como a oração pode trazer conforto e clareza em momentos de dificuldade. "O Senhor é meu pastor; nada me faltará" — essa afirmação de confiança total em Deus é um lembrete de que o indivíduo nunca está sozinho e de que sempre pode contar com a orientação e com o apoio divinos. A oração, nesse sentido, é uma âncora que oferece segurança e que ajuda o judeu a enfrentar os desafios da vida com coragem e esperança. É uma prática que proporciona paz interior e que fortalece a fé, mesmo nas situações mais difíceis.

A prática do "Shema Yisrael" é outra expressão essencial da oração no judaísmo. Essa declaração de fé — "Ouve, ó Israel, o Senhor é nosso Deus, o Senhor é Um" — é recitada diariamente e representa o reconhecimento da unidade e da soberania divina. O Shema é uma forma de reafirmar o compromisso com Deus e de lembrar que todos os aspectos da vida devem estar em harmonia com os valores da Torá. Ao recitar o Shema, o judeu expressa sua lealdade e sua devoção a Deus, e encontra força para viver de acordo com os ensinamentos divinos. Essa oração é um ato de consagração, uma maneira de dedicar a própria vida a um propósito maior e de buscar a orientação divina em cada decisão.

    A oração no judaísmo é muito mais do que uma prática religiosa; é uma forma de encontrar sentido e de definir o propósito de vida. Através da oração, o judeu se conecta com Deus, encontra clareza em seus objetivos e fortalece sua fé e seu compromisso com os valores sagrados. A oração é uma jornada espiritual que transforma o cotidiano em um caminho de crescimento e de elevação. Para o convertido, a oração é uma maneira de vivenciar a nova fé de forma autêntica e de descobrir uma relação profunda com Deus, com a comunidade e com seu propósito pessoal.

Capítulo 41
Cumprimento da Aliança

A noção de aliança é o cerne da identidade judaica e envolve um compromisso que transcende o tempo e o espaço. Este pacto sagrado, forjado entre Deus e o povo judeu, carrega em seu âmago uma promessa de fidelidade mútua e de obediência aos mandamentos divinos. Desde os primeiros relatos bíblicos, o cumprimento da aliança surge como um ato que vai além da simples obediência a regras: é um compromisso de vida que envolve cada aspecto da existência, infundindo propósito e dignidade ao caminhar de um povo cuja história se entrelaça profundamente com o desejo de viver segundo a vontade de Deus.

A aliança no judaísmo, conhecida como "brit", não é apenas uma ideia ou um conceito abstrato; ela se manifesta em cada ato de fé, cada mandamento cumprido e em cada decisão tomada em conformidade com a Torá. Para o povo judeu, seguir a aliança é mais do que uma prática religiosa – é uma declaração contínua de amor, lealdade e respeito pelo Criador. Cumprir a aliança significa integrar os valores e ensinamentos divinos em todas as esferas da vida, tornando-se, assim, um reflexo vivo da santidade que Deus espera de Seu povo.

A obediência à aliança é marcada por mandamentos específicos que foram entregues por Deus a Moisés no Monte Sinai. Os Dez Mandamentos representam o núcleo dessa aliança, e são eles que estabelecem a base para uma vida ética e espiritual. Cada mandamento é uma instrução de como viver uma vida alinhada com a vontade divina, guiando o indivíduo a transcender suas vontades imediatas para cumprir uma missão maior. Ao observar essas leis, o judeu reafirma diariamente seu vínculo com

Deus, escolhendo, em cada ato de obediência, honrar o pacto sagrado que define sua identidade e sua história.

A prática dos mandamentos, ou "mitzvot", é uma expressão tangível do cumprimento da aliança. Esses mandamentos abrangem todas as áreas da vida – desde a alimentação até o tratamento dos outros, desde a prática da caridade até a observância do Shabat. Ao seguir esses mandamentos, o judeu se aproxima de Deus e fortalece a aliança de maneira prática e cotidiana. Em cada mitzvá, há um momento de conexão espiritual, uma chance de se afastar do ego e de se alinhar com a vontade divina. Esse processo contínuo de observância não é visto como uma obrigação pesada, mas sim como uma dádiva que permite ao povo judeu viver em harmonia com os ensinamentos sagrados e com o propósito divino.

No cumprimento da aliança, a Torá assume um papel central, pois ela é o documento sagrado que registra os mandamentos de Deus e a orientação moral e ética para o povo judeu. A Torá não é apenas um conjunto de leis; ela é um guia de vida, um elo sagrado que fortalece a conexão entre Deus e Seu povo. Ao estudar e seguir a Torá, o judeu reafirma seu compromisso com a aliança e busca compreender a vontade de Deus de maneira mais profunda. Essa busca constante pelo entendimento da Torá é um caminho de autotransformação e de elevação espiritual, uma maneira de encontrar sabedoria e direção nas situações cotidianas e de responder aos desafios da vida com fé e integridade.

A fidelidade à aliança é também uma forma de honrar as gerações passadas que, ao longo da história, mantiveram a fé e preservaram as tradições, mesmo diante de perseguições e exílios. O povo judeu sempre viu na aliança uma fonte de resiliência e de força, uma âncora espiritual que sustenta a identidade e a esperança da comunidade, especialmente nos momentos de adversidade. O cumprimento da aliança, portanto, é uma forma de continuidade histórica, um elo que conecta as gerações e que assegura a preservação dos ensinamentos divinos para as futuras gerações. É a expressão de um compromisso que se renova a cada dia, um pacto que transcende o tempo e que fortalece a união entre o povo judeu e Deus.

Para os convertidos ao judaísmo, o cumprimento da aliança representa uma escolha profunda e transformadora. Ao decidir adotar a fé judaica, o convertido aceita o compromisso de seguir os mandamentos e de viver segundo os valores e princípios estabelecidos pela Torá. Esse processo de aceitação da aliança é um caminho de dedicação e de fé genuína, uma forma de integrar-se plenamente à comunidade judaica e de abraçar a identidade e a herança espiritual de um povo que vive em comunhão com Deus. O convertido é acolhido na aliança com o mesmo respeito e com a mesma responsabilidade que aqueles nascidos no judaísmo, tornando-se parte de uma continuidade sagrada que fortalece sua conexão com o divino e com a comunidade.

O cumprimento da aliança também envolve a prática da justiça e da compaixão, valores que são centrais na tradição judaica e que refletem o caráter divino. Ao agir com retidão e bondade, o judeu demonstra seu compromisso com a aliança e manifesta a santidade que Deus espera de Seu povo. A busca pela justiça e pela paz, o respeito ao próximo e o cuidado com a criação são formas de honrar a aliança e de viver em harmonia com a vontade divina. Cada ato de bondade, cada decisão ética e cada esforço para construir uma sociedade justa são expressões do cumprimento da aliança e da dedicação a um propósito maior.

A celebração do Shabat é uma das expressões mais significativas do cumprimento da aliança, pois esse dia sagrado é um lembrete constante do pacto entre Deus e o povo judeu. O Shabat é um momento de descanso e de renovação espiritual, um dia em que o judeu se afasta das preocupações mundanas e se dedica a fortalecer sua conexão com Deus e com a família. Ao observar o Shabat, o judeu reafirma sua fidelidade à aliança e experimenta a paz e a serenidade que vêm da proximidade com o divino. É um momento de introspecção, de gratidão e de celebração, uma maneira de renovar o compromisso com a aliança e de viver em sintonia com o propósito divino.

Por fim, o cumprimento da aliança é visto como o caminho para uma vida plena e rica em significado, uma vida abençoada com paz, prosperidade e espiritualidade. A fidelidade à aliança é uma fonte de bênçãos tanto materiais quanto espirituais, pois ela alinha o indivíduo com a vontade divina e o conduz a uma existência de propósito e de realização. A aliança oferece uma estrutura de valores e de princípios que orientam o judeu a viver de maneira íntegra e justa, a buscar a paz e a harmonia em todas as relações e a contribuir para o bem-estar da comunidade. É uma forma de vida que transcende o material e que proporciona ao indivíduo um senso profundo de satisfação e de proximidade com Deus.

Assim, o cumprimento da aliança é uma expressão de fé e de obediência que define a identidade do povo judeu e que fortalece sua conexão com Deus. É um compromisso que envolve a vida inteira, um pacto que se manifesta em cada pensamento, em cada palavra e em cada ação. Ao seguir a aliança, o povo judeu encontra a direção e a força necessárias para enfrentar os desafios e para viver uma vida de significado e de propósito. O cumprimento da aliança é, portanto, o caminho para uma vida de santidade, uma jornada de fé que conduz ao encontro com o divino e que sustenta o judeu em cada passo de sua caminhada espiritual.

Capítulo 42
A Riqueza Espiritual

No judaísmo, a verdadeira riqueza vai muito além dos bens materiais. Embora o conforto material seja uma bênção bem-vinda e apreciada, o judaísmo valoriza um tipo de prosperidade mais profundo e duradouro: a riqueza espiritual. Esta forma de riqueza transcende o físico e se relaciona diretamente com a paz interior, o fortalecimento da alma e a proximidade com Deus. É um caminho de autoconhecimento e autotranscendência, onde o indivíduo busca continuamente nutrir sua conexão com o divino, cultivando virtudes que elevam o espírito e engrandecem a vida.

A riqueza espiritual é conquistada através de uma jornada de fé, dedicação e reflexão, que transforma o indivíduo a partir de seu interior. No coração dessa riqueza está o cumprimento dos mandamentos da Torá, um compromisso que infunde propósito em cada ação cotidiana. Para o povo judeu, seguir a orientação divina não é uma mera obrigação; é uma fonte de alegria e realização que transforma o cotidiano em um ato de devoção. Cada mitzvá – cada mandamento cumprido – é uma oportunidade de aproximação com Deus e um reflexo do amor que o indivíduo nutre pelo Criador.

A prática da gratidão é um dos pilares dessa riqueza espiritual. No judaísmo, a gratidão não é apenas uma atitude, mas uma prática ativa que envolve reconhecer a presença divina em cada detalhe da existência. As bênçãos recitadas antes das refeições, ao despertar e em momentos especiais da vida são formas de lembrar que tudo provém de Deus e de expressar gratidão por Suas dádivas. A gratidão eleva o espírito e permite que o indivíduo veja o mundo com olhos renovados, reconhecendo a mão divina nos momentos de alegria e até nas adversidades. Esse estado de agradecimento constante enriquece a alma, fortalecendo a confiança e a serenidade, independentemente das circunstâncias externas.

Outro elemento essencial para a construção dessa riqueza interior é a prática da humildade. A humildade no judaísmo é vista como uma virtude que permite ao indivíduo reconhecer suas limitações e seu papel no plano divino. Ao aceitar que cada sucesso e cada bênção são dádivas de Deus, o judeu evita a arrogância e o orgulho, mantendo-se em sintonia com valores que promovem a justiça e a compaixão. Essa humildade, longe de ser uma fraqueza, é uma força que abre o coração para o crescimento espiritual e para o aprendizado contínuo. Ela permite que o indivíduo se aproxime de Deus com sinceridade, reconhecendo a grandiosidade do Criador e a pequenez de suas próprias ações em comparação ao plano divino.

A prática da compaixão é também uma expressão vital da riqueza espiritual judaica. Para o povo judeu, ser compassivo é um reflexo direto do caráter divino, uma maneira de imitar as qualidades de Deus em sua vida cotidiana. Ao agir com bondade e misericórdia, o judeu não apenas beneficia os outros, mas também fortalece sua própria alma, criando laços que o conectam de maneira mais profunda com o divino. A compaixão, portanto, é uma força transformadora que eleva o espírito e que permite ao indivíduo experimentar uma forma de amor que transcende o ego e se alinha com a vontade de Deus. Esse amor ao próximo é visto como uma maneira de honrar o Criador, pois cada pessoa carrega em si a imagem divina.

A busca pela paz interior é outro aspecto fundamental da riqueza espiritual. A vida pode ser repleta de desafios e incertezas, mas o judaísmo ensina que a paz de espírito é alcançada ao se confiar na providência divina. Essa confiança não significa uma vida isenta de dificuldades, mas sim uma atitude de aceitação e serenidade diante dos desafios. O judeu que confia em Deus encontra um refúgio seguro em sua fé, um lugar de calma onde sua alma pode repousar mesmo em tempos de tormenta.

Essa paz interior é uma das maiores expressões da riqueza espiritual, pois ela permite ao indivíduo viver com propósito e com gratidão, independentemente das circunstâncias.

O estudo da Torá é uma das práticas centrais que cultivam essa riqueza espiritual. No judaísmo, o estudo não é apenas uma atividade intelectual, mas uma forma de se conectar com a sabedoria divina e de fortalecer o vínculo com Deus. A Torá é vista como um guia sagrado que ilumina o caminho da vida e que oferece orientação moral e ética. Ao estudar a Torá, o judeu não apenas adquire conhecimento, mas também refina sua alma, aprendendo a viver em harmonia com os valores e os princípios divinos. Esse processo de aprendizado contínuo enriquece o espírito e permite que o indivíduo encontre respostas para as questões mais profundas de sua existência.

A oração é outra prática essencial para o cultivo da riqueza espiritual. No judaísmo, a oração é vista como um diálogo íntimo entre o indivíduo e Deus, uma oportunidade de abrir o coração e expressar suas aspirações, preocupações e agradecimentos. A oração fortalece a fé e permite que o judeu se lembre de sua conexão com o Criador em todas as situações. Ao orar, o judeu encontra consolo e direção, renovando sua confiança na presença divina e recebendo forças para enfrentar os desafios da vida. A oração é uma prática que eleva o espírito e que enriquece a alma, trazendo uma sensação de paz e de comunhão com o divino.

O Shabat, o dia de descanso sagrado, é talvez uma das expressões mais belas dessa riqueza espiritual. O Shabat é um momento de pausa e de renovação, um dia em que o judeu se afasta das preocupações materiais e se dedica ao fortalecimento de sua conexão com Deus e com seus entes queridos. O Shabat é uma lembrança semanal de que o verdadeiro valor da vida não está no acúmulo de bens, mas na qualidade das relações e na profundidade da fé. Ao observar o Shabat, o judeu encontra uma oportunidade de renovar sua alma, de refletir sobre o propósito de sua vida e de celebrar a bênção da existência.

Essa riqueza interior não é apenas um bem individual, mas algo que o judeu busca compartilhar com a comunidade e com o mundo. No judaísmo, prosperidade espiritual é inseparável da responsabilidade com o próximo. A prática da Tzedakah, ou caridade, é uma manifestação concreta dessa responsabilidade. Ao ajudar os necessitados e ao contribuir para o bem-estar da comunidade, o judeu expressa sua riqueza espiritual de maneira tangível. Esse altruísmo é uma forma de reconhecer que tudo o que possui é uma dádiva divina, e que a verdadeira riqueza só se completa quando é compartilhada. A Tzedakah fortalece os laços comunitários e ajuda a criar um mundo mais justo e compassivo, onde a prosperidade espiritual se reflete em ações concretas de bondade.

Em última análise, a riqueza espiritual no judaísmo é um estado de espírito que permite ao indivíduo encontrar significado e propósito em cada aspecto de sua vida. Ela é construída a partir de valores e práticas que transformam a alma e que promovem uma conexão profunda com o divino. Essa riqueza interior é uma fonte de paz, de alegria e de realização, que sustenta o indivíduo mesmo nos momentos de maior dificuldade. Ao cultivar essa prosperidade espiritual, o judeu encontra uma força que o guia em sua jornada de fé, permitindo-lhe viver uma vida plena e alinhada com os propósitos divinos.

Dessa forma, a verdadeira prosperidade no judaísmo é uma riqueza que transcende o material e que oferece ao indivíduo um senso profundo de satisfação e de proximidade com Deus. Ela é uma bênção que ilumina a vida e que permite ao judeu caminhar com dignidade e com serenidade, sabendo que, ao seguir os caminhos da Torá, ele está cumprindo seu propósito divino e contribuindo para um mundo mais elevado.

Capítulo 43
A Sabedoria Divina

A busca pela sabedoria divina é, no judaísmo, um chamado que transcende o simples conhecimento e atinge a essência do entendimento espiritual e ético. Na perspectiva judaica, a sabedoria divina não é apenas uma acumulação de saberes; ela é uma compreensão mais profunda da criação, da moralidade e da vontade de Deus. A sabedoria divina é o elo entre o ser humano e o propósito maior de sua existência, uma fonte de orientação que leva a decisões éticas, compaixão e equilíbrio na vida. Buscar a sabedoria de Deus é buscar o sentido último da vida, pois é através dela que o indivíduo aprende a viver de acordo com os preceitos mais elevados do espírito.

Para os judeus, a Torá é a manifestação máxima da sabedoria divina, um texto sagrado que vai muito além das palavras e que carrega em si a luz e a profundidade da mente divina. A Torá não é vista apenas como um manual de regras, mas como uma expressão do próprio caráter de Deus e de Sua relação com a humanidade. Cada versículo, cada palavra e cada letra contêm significados que podem guiar o fiel em sua jornada espiritual e moral. Estudar a Torá é, portanto, um ato de devoção e de respeito pela sabedoria divina. É por meio do estudo dedicado que o judeu se aproxima do entendimento divino, lapidando sua alma e sua mente para refletirem os valores que Deus espera da humanidade.

Essa busca pela sabedoria divina é uma prática que exige humildade e dedicação. O judeu entende que a sabedoria não é algo que se conquista para alimentar o ego, mas um dom sagrado que o aproxima de Deus e o ajuda a servir a comunidade. No

Talmud, a importância da sabedoria é frequentemente ressaltada; ali, é ensinado que o verdadeiro conhecimento é aquele que inspira a bondade e a justiça. Esse princípio orienta o judeu a usar a sabedoria não apenas para seu próprio benefício, mas como uma bússola que o guia no tratamento ético e compassivo para com os outros. O conhecimento, quando alinhado à ética, se transforma em um caminho de retidão que leva à harmonia entre os seres humanos e entre o homem e Deus.

A busca pela sabedoria no judaísmo também é um caminho que fortalece a resiliência diante dos desafios da vida. A sabedoria divina oferece ao fiel um alicerce de fé e compreensão que o ajuda a lidar com as incertezas do mundo. Saber que cada experiência, seja de alegria ou de dor, carrega em si uma lição de crescimento é uma forma de consolo e de aprendizado. O judeu busca compreender o significado mais profundo dos eventos e dos desafios, reconhecendo que até mesmo as dificuldades são oportunidades para se conectar com a vontade divina. Essa perspectiva é parte essencial da sabedoria judaica, pois ela ajuda a cultivar uma atitude de paciência, de gratidão e de esperança, mesmo nas situações mais adversas.

O conceito de *Chochmah*, que em hebraico significa "sabedoria", é central para essa jornada de crescimento espiritual. No judaísmo, a sabedoria é considerada uma qualidade sagrada, um reflexo da presença de Deus na vida do indivíduo. É dito que Deus concedeu a sabedoria ao povo judeu como uma forma de iluminar o caminho e de inspirar uma vida que esteja em harmonia com as leis divinas. No livro dos Provérbios, a sabedoria é personificada como uma guia que conduz o ser humano à retidão e à integridade. Ela é a fonte de discernimento, a capacidade de distinguir o bem do mal, o certo do errado, o justo do injusto. Essa habilidade de discernir é o que permite ao judeu viver de acordo com os valores divinos, agindo de forma ética e promovendo a paz e a justiça em sua comunidade e em seu relacionamento com Deus.

A sabedoria divina também é vista como um dom que se transmite de geração em geração, uma herança que conecta o passado ao presente e ao futuro. Os sábios e estudiosos da Torá são reverenciados no judaísmo, não apenas por seu conhecimento, mas por sua dedicação em preservar e transmitir a sabedoria acumulada ao longo dos séculos. Essa transmissão de conhecimento é um elo sagrado que fortalece a identidade do povo judeu e mantém viva a chama da espiritualidade e da tradição. Os ensinamentos dos sábios, registrados no Talmud e em outros textos sagrados, são um tesouro de orientação e de valores que moldam a vida judaica e oferecem uma base de entendimento para a prática da fé.

No judaísmo, o conceito de sabedoria divina não se limita aos ensinamentos religiosos, mas se estende a todas as áreas da vida. Trabalhar, estudar, amar, liderar, e até mesmo lidar com os desafios diários são atividades que podem e devem ser realizadas sob a orientação da sabedoria. A ética profissional, o respeito nas relações pessoais, o comprometimento com a verdade e a honestidade são expressões da sabedoria divina aplicada no mundo material. Dessa forma, o judeu é incentivado a buscar o equilíbrio entre sua vida prática e sua espiritualidade, reconhecendo que a verdadeira sabedoria se manifesta não apenas nos momentos de oração ou de estudo, mas em cada decisão e em cada ação cotidiana.

A oração, a meditação e o estudo são meios que fortalecem a conexão com a sabedoria divina. Ao reservar momentos de silêncio e de reflexão, o judeu permite que sua mente se alinhe com a presença divina e que sua compreensão seja ampliada. A oração é uma forma de abrir o coração para ouvir a voz de Deus, de silenciar o ego e de se tornar receptivo à orientação espiritual. Esse diálogo constante com o divino é o que enriquece a alma e eleva a vida a um estado de paz e de clareza. A sabedoria divina se revela aos que se dedicam com sinceridade e com humildade a essa busca, mostrando que, acima de tudo, a verdadeira sabedoria é uma caminhada de amor, de retidão e de devoção.

A busca pela sabedoria divina é também um ato de confiança e de fé. O judeu reconhece que nem sempre é possível compreender todos os mistérios de Deus e que a sabedoria humana é limitada em comparação à vastidão da sabedoria divina. Essa humildade é um componente essencial da fé judaica, pois ela ensina o fiel a aceitar com serenidade os mistérios que ultrapassam seu entendimento. Essa atitude de aceitação, de confiança e de reverência fortalece a alma, permitindo que o judeu viva em harmonia com os desígnios divinos e que encontre paz, mesmo diante das incertezas.

A sabedoria divina é, para o judaísmo, uma fonte de vida, um caminho de retidão e uma expressão do amor de Deus pela humanidade. É um dom que ilumina a mente e aquece o coração, guiando o judeu em sua jornada espiritual e fortalecendo sua fé em cada etapa do caminho. A verdadeira sabedoria não se esgota, mas se renova a cada dia, inspirando o fiel a viver com dignidade, com compaixão e com respeito pela criação. Essa busca pela sabedoria divina é uma promessa de crescimento constante, uma fonte de paz e de propósito, e uma manifestação da presença de Deus em cada aspecto da existência.

Capítulo 44
Equilíbrio entre Riqueza e Humildade

No coração do judaísmo, existe uma compreensão profunda de que a prosperidade, com todos os seus benefícios materiais, deve ser equilibrada pela humildade e pela consciência do propósito maior da vida. Para os judeus, a riqueza é vista não apenas como um acúmulo de bens ou um símbolo de sucesso terreno, mas como uma bênção e uma oportunidade de realizar a vontade divina no mundo. Nesse sentido, o verdadeiro valor da riqueza vai muito além do material e toca o espiritual, elevando o indivíduo que reconhece que todos os recursos, incluindo o sucesso financeiro, são dádivas de Deus.

Ao mesmo tempo, o judaísmo ensina que essa dádiva deve ser acompanhada pela virtude da humildade, um dos valores mais enaltecidos e promovidos ao longo da Torá e dos ensinamentos dos sábios. A humildade, como entendida na tradição judaica, é uma expressão de reverência e de respeito à soberania de Deus. Ela é um reconhecimento de que, mesmo diante de grandes realizações, o ser humano é limitado e que tudo o que possui e conquista está nas mãos de Deus. A humildade permite que o indivíduo não se apegue de forma egoísta à sua prosperidade, mas que veja nela uma responsabilidade sagrada de contribuir para o bem-estar da comunidade e para a realização do propósito divino.

No judaísmo, essa busca por equilíbrio é simbolizada pelo conceito de *Tzedakah*, que pode ser traduzido como "caridade" ou, mais precisamente, como "justiça social". A prática de *Tzedakah* representa a compreensão de que a riqueza é um instrumento que deve ser usado para trazer justiça e bondade ao mundo. Em vez de se ver como um dono absoluto de suas posses, o judeu é incentivado a se ver como um guardião, alguém que administra esses recursos em nome de um bem maior. A prática da generosidade, portanto, é essencial para equilibrar a prosperidade material com a espiritualidade, permitindo que o coração se mantenha puro e que a alma não seja corrompida pelo orgulho ou pelo apego excessivo aos bens terrenos.

A Torá contém inúmeros exemplos que ilustram a importância desse equilíbrio. Uma passagem conhecida é a advertência dada ao povo judeu quando entraram na Terra Prometida: "Cuida para que, quando tiveres comido e te fartado, e tiveres construído boas casas e nelas habitares, e quando se multiplicarem as tuas posses... teu coração não se eleve, e te esqueças do Senhor, teu Deus" (Deuteronômio 8:10-14). Aqui, a Torá nos lembra que, no auge da prosperidade, existe o risco de que o coração humano se desvie para o orgulho e para a ilusão de autossuficiência. A verdadeira humildade, então, é manter-se fiel a Deus e aos princípios de justiça e caridade, reconhecendo que é Ele quem concede as bênçãos.

Os sábios do Talmud reforçam essa ideia, ensinando que o acúmulo de riqueza sem a prática da humildade e da generosidade é uma forma de idolatria, pois coloca o indivíduo em uma posição de adoração ao poder material, em vez de usar os bens como um meio para o serviço divino. A humildade, nesse sentido, não é uma negação das conquistas, mas uma postura interior que enxerga o sucesso como parte de uma responsabilidade maior. O sábio Hillel dizia: "Se eu não for para mim, quem será? Mas se eu sou apenas para mim, o que sou?". Esse ensinamento sintetiza a necessidade de se buscar a prosperidade sem perder de vista a conexão com o outro e o dever de compartilhar os benefícios.

Além disso, o equilíbrio entre riqueza e humildade no judaísmo não apenas protege o indivíduo de se perder em vaidades, mas também lhe concede uma visão clara do propósito de suas realizações. A prosperidade material, vista por meio desse prisma, torna-se uma ferramenta para o crescimento espiritual. Quanto mais o judeu cresce em bens, mais se espera que ele cresça em generosidade, em bondade e em busca da justiça. Esse caminho leva a uma vida plena, onde o sucesso material e o desenvolvimento espiritual caminham lado a lado, sustentando-se mutuamente.

A humildade é também uma virtude que promove a paz e a harmonia social, pois ela ensina o judeu a enxergar seu próximo com respeito e compaixão, independentemente da posição financeira ou do status. Quando a riqueza é tratada com humildade, ela se torna uma fonte de união e de apoio mútuo, e não de divisão ou de rivalidade. A humildade abre espaço para que a prosperidade seja compartilhada e utilizada para construir uma sociedade mais justa, onde cada um contribui com o que possui, seja material ou espiritualmente, para o bem comum.

Essa postura de humildade diante da riqueza é um antídoto contra a ganância e o materialismo desenfreado. No judaísmo, o indivíduo é incentivado a buscar contentamento, a cultivar a gratidão e a reconhecer a beleza das pequenas coisas da vida. A tradição judaica valoriza o conceito de *histapkut*, que significa "satisfação com o que se tem". Esse ideal não é uma rejeição do progresso, mas um chamado para que o progresso material seja guiado pela moderação e pela valorização do essencial. Assim, mesmo que o judeu prospere, ele permanece consciente de que a verdadeira felicidade não depende da acumulação, mas do propósito e da qualidade dos relacionamentos que cultiva.

Ao longo dos séculos, muitos judeus exemplificaram esse equilíbrio entre riqueza e humildade. A história está repleta de figuras que, apesar de sua influência e prosperidade, viveram com uma profunda reverência à espiritualidade e um compromisso com o bem-estar de sua comunidade. Os relatos de doações anônimas, de fundação de escolas, de construção de hospitais e de apoio a causas justas são exemplos vivos de como a prosperidade pode ser usada para beneficiar não apenas o indivíduo, mas toda uma comunidade. Essas ações são uma lembrança de que a verdadeira grandeza reside em usar as bênçãos que se recebe para criar um mundo mais justo e compassivo.

Assim, o judaísmo ensina que o sucesso financeiro e o desenvolvimento material devem estar subordinados aos valores espirituais e éticos. O judeu é chamado a transformar sua riqueza em uma expressão de amor a Deus e ao próximo, a viver com gratidão e com responsabilidade, sabendo que toda prosperidade é um presente divino. Ao manter-se fiel a esses princípios, ele não apenas enriquece sua própria vida, mas contribui para a criação de uma sociedade onde a justiça e a bondade são os pilares do progresso.

O equilíbrio entre riqueza e humildade é, portanto, uma jornada contínua de autoconhecimento e de serviço. É um convite para que cada um encontre seu papel no mundo, usando suas habilidades e recursos para promover o bem e para fortalecer sua conexão com Deus. Esse equilíbrio não apenas enobrece o indivíduo, mas transforma a prosperidade material em uma verdadeira bênção, um caminho de elevação que conduz à paz interior e ao cumprimento do propósito divino.

Capítulo 45
Evolução na Fé

A fé, no judaísmo, é uma jornada profunda e contínua de transformação e evolução espiritual. Diferente de uma crença fixa e imutável, a fé judaica é vista como um processo que acompanha cada etapa da vida, crescendo em intensidade e complexidade conforme o indivíduo se aprofunda nos ensinamentos divinos e enfrenta os desafios do mundo. A cada fase, a fé se transforma, sendo moldada pelas experiências, pelo aprendizado e pelo contato com o sagrado.

Esse desenvolvimento constante da fé é simbolizado pela relação entre o povo judeu e Deus, que é renovada e reforçada ao longo do tempo, a partir de cada escolha, de cada observância e de cada conexão espiritual. Na Torá e nas escrituras judaicas, a fé não é apresentada como um caminho fácil ou como uma certeza inabalável; ela exige questionamento, resiliência e um compromisso ativo com os mandamentos e os valores divinos. Como um fogo que precisa ser alimentado, a fé cresce quando é cultivada com sinceridade e dedicação.

Desde a juventude até a maturidade, o judeu é encorajado a buscar um entendimento cada vez mais profundo de sua relação com Deus e dos propósitos que guiam sua vida. O crescimento na fé se dá por meio do estudo, da prática e da reflexão, que são vistos como pilares fundamentais. O estudo da Torá, por exemplo, não é apenas uma leitura intelectual, mas uma prática de devoção e um meio de acessar a sabedoria divina, que leva o indivíduo a questionar, a explorar e a compreender os mistérios e as verdades que sustentam o universo.

O Talmud, um dos textos centrais do judaísmo, explora a importância do diálogo e da investigação na busca pela verdade. No judaísmo, questionar é permitido e até encorajado, pois o questionamento leva à evolução. A fé, assim, não é um ponto de chegada, mas um caminho no qual o judeu se engaja ativamente, buscando compreender melhor seu propósito e o significado dos mandamentos divinos. Esse crescimento espiritual é considerado uma jornada interior em que o indivíduo se aprofunda cada vez mais na busca de respostas e de entendimento.

O processo de amadurecimento espiritual ocorre ao longo da vida, conforme o judeu enfrenta desafios que testam sua fé e o fazem refletir sobre seus valores e escolhas. Em tempos de adversidade, a fé é desafiada, e a pessoa é chamada a buscar consolo e forças nas escrituras, nas orações e no apoio da comunidade. Cada dificuldade superada fortalece a fé, acrescentando novos significados e permitindo que o judeu veja a vida com maior profundidade. A fé, então, deixa de ser uma crença teórica para se tornar uma vivência real e significativa, onde Deus é sentido em cada aspecto da existência.

As orações diárias e os rituais desempenham um papel importante nessa evolução da fé. Eles lembram o judeu de que a relação com Deus é constante e que, a cada dia, há uma oportunidade de renovar o compromisso com os valores divinos. A prática de orar e de refletir sobre as bênçãos que Deus concede é uma forma de cultivar a fé e de manter a mente e o coração conectados ao sagrado. Com o tempo, esses rituais se tornam uma parte essencial da vida espiritual, transformando cada ato em uma oportunidade de se aproximar de Deus.

Outro aspecto importante da evolução na fé é o papel do estudo contínuo. Para o judaísmo, o aprendizado nunca termina; cada leitura da Torá, cada análise dos comentários rabínicos e cada discussão em grupo oferecem novas perspectivas e novas lições. Os sábios judeus ensinam que, por meio do estudo, a pessoa desenvolve uma compreensão mais rica da Torá e da vontade divina. Essa busca constante pelo conhecimento e pela sabedoria é uma forma de renovar a fé, pois permite ao indivíduo ver os mandamentos sob uma nova luz e encontrar novos significados em suas práticas.

Essa jornada de evolução também é profundamente pessoal. Embora a comunidade judaica seja um pilar fundamental da fé, cada judeu é chamado a encontrar sua própria conexão com Deus. Essa relação pessoal é única e se aprofunda conforme o indivíduo reflete sobre sua vida e sobre o papel que deseja desempenhar no mundo. A fé, então, se torna uma expressão autêntica da identidade e dos valores de cada um, sendo uma fonte de inspiração e de propósito.

À medida que o judeu amadurece, ele é desafiado a reavaliar sua fé e a integrá-la em cada aspecto de sua vida, seja no âmbito familiar, no trabalho ou na comunidade. A fé não é algo que fica restrito aos momentos de oração ou de celebração, mas deve permear cada ação, cada decisão e cada relacionamento. Esse comprometimento com a fé exige disciplina e dedicação, mas, ao mesmo tempo, oferece uma sensação profunda de paz e de realização, pois permite ao indivíduo viver de acordo com seus princípios e com a vontade divina.

Além disso, a evolução da fé não é apenas uma jornada individual, mas também coletiva. Ao longo da história, o povo judeu enfrentou provações e desafios que testaram sua fé como comunidade. Esses momentos de adversidade fortaleceram a identidade e a união do povo judeu, permitindo que eles encontrassem em sua fé um senso de propósito e de resistência. Ao recordar esses momentos, cada judeu é lembrado de que sua fé faz parte de uma tradição milenar que sobreviveu aos mais difíceis desafios. A fé, então, não é apenas uma crença individual, mas uma herança compartilhada que une gerações e que serve como um alicerce para a comunidade.

Os sábios do judaísmo ensinam que a fé é como uma chama que deve ser cuidada e alimentada. Às vezes, essa chama pode parecer frágil, especialmente em momentos de dúvida ou de dor, mas, com o devido cuidado, ela pode crescer e iluminar o caminho da pessoa. A cada dificuldade, a fé se fortalece e se torna mais resiliente, pois o indivíduo aprende a confiar na providência divina e a ver em cada experiência uma oportunidade de crescimento.

A evolução na fé é, assim, uma jornada de autodescoberta e de conexão com o divino. É um convite para que cada judeu explore sua espiritualidade de forma autêntica, permitindo-se crescer e transformar conforme enfrenta os desafios e se aproxima de Deus. A fé, nesse contexto, é um processo contínuo que não termina com uma resposta definitiva, mas que se aprofunda e se enriquece a cada passo. É uma expressão de amor e de devoção, um compromisso de viver de acordo com os valores da Torá e de buscar a verdade em cada ato e em cada pensamento.

Ao final dessa jornada, o judeu percebe que a fé é uma força viva, que cresce e que se adapta às circunstâncias da vida. É uma fonte de esperança e de inspiração, uma lembrança de que, independentemente das dificuldades, Deus está presente e oferece orientação e consolo. A evolução na fé é, portanto, um testemunho do compromisso com o divino, um reflexo da alma em busca do sagrado e uma promessa de que, ao seguir o caminho da Torá, cada indivíduo pode encontrar paz e plenitude.

Essa compreensão profunda da fé, que evolui e se adapta, permite ao judeu viver uma vida rica em significado, com a certeza de que, em cada etapa da vida, Deus estará ao seu lado, guiando-o e fortalecendo-o.

Capítulo 46
Prosperidade e Fé

A relação entre prosperidade e fé no judaísmo é profunda, enraizada em valores éticos e espirituais que vão além da simples busca por riqueza material. Diferentemente de outras abordagens que podem ver a prosperidade como um fim em si mesmo, o judaísmo a vê como uma bênção que vem com responsabilidades. A verdadeira prosperidade, segundo os ensinamentos da Torá, é aquela que reflete a conexão com Deus e o cumprimento de uma vida ética e justa. Ela representa não apenas o acúmulo de bens, mas também saúde, paz, harmonia familiar e uma vida de significado.

Para os judeus, a prosperidade está intimamente ligada à fé, sendo vista como uma consequência do cumprimento das mitzvot (mandamentos) e do compromisso com os princípios morais ensinados por Deus. Quando o indivíduo se esforça para viver de acordo com os preceitos divinos, ele não apenas atrai a graça de Deus, mas também estabelece uma base sólida para uma vida próspera e equilibrada. A Torá ensina que o trabalho honesto e o esforço dedicado são valorizados por Deus e que é através dessas ações que a pessoa pode alcançar uma prosperidade abençoada, aquela que serve ao bem maior e promove o bem-estar de todos ao redor.

A confiança em Deus é o primeiro pilar dessa relação entre prosperidade e fé. No judaísmo, o termo "bitachon" descreve essa confiança plena na providência divina, a certeza de que tudo que acontece, seja um desafio ou uma bênção, está sob o controle de Deus. Essa confiança é o que permite ao judeu encarar as incertezas da vida com serenidade, pois ele acredita que, ao seguir os caminhos de Deus, será guiado para o que é bom e justo. Quando a pessoa trabalha e se dedica com fé, ela não se sente ansiosa quanto ao futuro, pois reconhece que Deus proverá o que for necessário para sua jornada.

Mas essa prosperidade não vem sem um compromisso ético. Para o judaísmo, riqueza e sucesso só são legítimos quando alcançados de maneira honesta e com integridade. Os valores judaicos ensinam que o trabalho deve ser conduzido com ética, que não se deve explorar ou prejudicar outros em busca de ganhos materiais. O verdadeiro sucesso, então, é aquele que não fere a dignidade de ninguém e que contribui para o bem comum. Os ensinamentos judaicos advertem contra o orgulho e a ganância, lembrando que a prosperidade deve ser acompanhada de humildade e de gratidão a Deus.

A prática da generosidade também é fundamental para a prosperidade no judaísmo. A mitzvá de "tzedakah" (caridade) é um dos pilares da fé judaica e é considerada uma forma de compartilhar as bênçãos recebidas. Dar aos outros é visto não apenas como uma obrigação moral, mas também como um meio de fortalecer a própria conexão com Deus. Quando um judeu pratica a tzedakah, ele reconhece que sua prosperidade é uma bênção divina e que essa bênção deve ser usada para trazer conforto e alívio àqueles que estão em necessidade. A generosidade é, assim, um reflexo da fé e uma expressão de gratidão a Deus.

A prosperidade no judaísmo também é marcada pela noção de equilíbrio. A Torá ensina que não se deve buscar a riqueza de maneira desenfreada ou como um fim último. Em vez disso, a pessoa deve buscar viver com equilíbrio, evitando os excessos e dedicando tempo para as práticas espirituais e para o fortalecimento dos laços familiares e comunitários. Esse equilíbrio é o que permite ao indivíduo desfrutar de sua prosperidade sem perder de vista o verdadeiro propósito de sua vida. A busca desenfreada pelo materialismo é desencorajada, pois ela pode levar ao esquecimento dos valores divinos e ao distanciamento de Deus.

Além disso, a prosperidade é vista como uma oportunidade para se aproximar mais de Deus e dos outros. Ao prosperar, o judeu é lembrado de que ele possui recursos para cumprir sua missão no mundo e para ser uma "luz para as nações". A prosperidade, então, não é uma meta isolada, mas um meio de realizar o propósito divino, de servir à comunidade e de fortalecer os princípios morais. A pessoa próspera é chamada a ser um exemplo de justiça e bondade, inspirando outros a buscarem uma vida de retidão e de compromisso com Deus.

Nos textos sagrados do judaísmo, prosperidade e adversidade são descritos como oportunidades para aprofundar a fé. Assim como a prosperidade deve ser recebida com humildade, os momentos de dificuldade também são vistos como parte do plano divino, um teste que fortalece a fé e o caráter. Quando o judeu mantém sua confiança em Deus durante períodos difíceis, ele demonstra que sua fé não depende apenas das bênçãos materiais, mas de uma relação sincera e inabalável com o Criador. Essa perspectiva espiritual permite ao judeu ver além das circunstâncias temporárias e buscar um propósito maior em sua vida.

A oração desempenha um papel importante na relação entre prosperidade e fé, pois é um momento em que o judeu expressa sua gratidão a Deus e renova seu compromisso com os valores divinos. Nas orações diárias, há um reconhecimento de que tudo o que o indivíduo possui é uma dádiva de Deus, e que é Ele quem sustenta todas as coisas. Esse ato de gratidão fortalece a conexão espiritual e lembra o judeu de que sua prosperidade deve ser usada com sabedoria e com responsabilidade. A oração é, então, uma prática que alinha a pessoa com o propósito divino, ajudando-a a manter a humildade e a gratidão em meio às bênçãos que recebe.

Ao longo da história, o povo judeu enfrentou muitos desafios e períodos de prosperidade e de dificuldade. Cada geração teve que aprender a equilibrar a prosperidade material com o compromisso espiritual, a não perder de vista a importância da ética e da justiça. Esse equilíbrio entre prosperidade e fé é o que sustentou a identidade e a unidade do povo judeu ao longo dos séculos, permitindo-lhes prosperar mesmo em meio às adversidades. A fé, então, é o alicerce que orienta a busca por uma vida próspera, mas com significado e propósito, uma vida que honra a Deus e que contribui para o bem de toda a humanidade.

Em última análise, a prosperidade, no judaísmo, é vista como um reflexo da graça divina e como uma responsabilidade. Cada bênção recebida é uma oportunidade para o crescimento espiritual, um chamado para se viver de acordo com os mandamentos divinos e para fazer a diferença no mundo. Prosperidade e fé, então, são como duas faces de uma mesma moeda; juntas, elas representam a jornada de um povo que busca não apenas o sucesso material, mas a plenitude espiritual. Essa compreensão holística da prosperidade é um convite para cada judeu refletir sobre seu propósito e para usar suas bênçãos como um meio de se aproximar de Deus e de contribuir para o bem da comunidade.

Capítulo 47
Afinal, o Propósito Divino

No âmago do judaísmo, existe uma profunda noção de propósito que não se limita à vida individual, mas se estende como uma missão coletiva para o povo judeu. Esta missão, frequentemente chamada de "ser uma luz para as nações," reflete um compromisso contínuo e um chamado sagrado que une gerações e transcende o tempo. O propósito divino, revelado nas páginas da Torá e nos ensinamentos dos profetas, atua como uma bússola para guiar as ações e a visão de mundo de cada judeu, estabelecendo uma conexão entre o humano e o divino, entre o temporário e o eterno.

Para entender o propósito divino do povo judeu, é necessário remontar à origem da aliança entre Deus e Israel, que começa com Abraão, o patriarca escolhido para estabelecer uma linhagem de fé e obediência. Na Torá, Deus promete a Abraão que sua descendência será abençoada e que, através dela, todas as nações da terra serão abençoadas. Essa promessa não se limita à posse de uma terra ou ao crescimento de uma linhagem, mas incorpora uma missão mais ampla: a de levar ao mundo os valores de justiça, misericórdia e santidade. O chamado de Abraão marca o início de uma jornada para o povo judeu, na qual cada geração é convidada a aprofundar seu relacionamento com Deus e a viver de acordo com Seus mandamentos.

Com o tempo, esse propósito se tornou uma responsabilidade coletiva, manifestada através dos ensinamentos e leis que Deus entregou ao povo judeu no Monte Sinai. O momento em que Moisés recebeu a Torá, uma revelação que os judeus acreditam ser diretamente da vontade divina, transformou esse propósito em um compromisso formal. A Torá, com seus mandamentos e preceitos, é o mapa espiritual que orienta o comportamento e as decisões de cada judeu, reforçando que o propósito não é apenas algo a ser acreditado, mas algo a ser vivido e incorporado em todas as dimensões da vida. Ser uma "luz para as nações" implica exemplificar uma vida guiada pela ética e pela retidão, refletindo a bondade e a justiça de Deus através das ações e interações cotidianas.

Os profetas do judaísmo, que surgem em várias épocas da história bíblica, desempenharam um papel essencial em reforçar esse propósito divino. Isaías, um dos mais conhecidos profetas, foi quem trouxe à luz a expressão de Israel como "luz para as nações", ressaltando que a missão dos judeus não era isolada, mas destinada a impactar positivamente o mundo. Ele ensinava que a grandeza de Israel não estava em conquistas materiais, mas em seu compromisso espiritual com a verdade e a justiça. Através de suas palavras, Isaías não apenas recordou o povo judeu de sua aliança com Deus, mas o inspirou a renovar seu propósito continuamente, mesmo diante de dificuldades e exílios.

O propósito divino no judaísmo é algo que traz ao povo judeu uma visão única sobre o sofrimento e a superação. Ao longo dos séculos, os judeus enfrentaram inúmeras provações — desde a escravidão no Egito até os exílios e perseguições nas diásporas. No entanto, para eles, esses desafios não significam a ausência de Deus, mas sim um chamado a reexaminar sua fé e a renovar seu compromisso com o propósito sagrado. A resistência e resiliência dos judeus ao longo da história é uma prova de sua fé inabalável em que, ao cumprir os mandamentos de Deus, eles estão, de fato, realizando a vontade divina e construindo um mundo mais próximo do ideal estabelecido pela Torá.

O propósito divino também influencia diretamente a forma como os judeus veem seu papel em relação às outras nações. A designação de "povo escolhido" é muitas vezes mal interpretada como um sinal de exclusividade, quando, na verdade, ela traz uma responsabilidade de serviço e de liderança moral. Ser o "povo escolhido" significa estar disposto a carregar o peso da ética divina, independentemente das circunstâncias ou do lugar onde se encontram. Significa representar valores que transcendem as aspirações humanas de poder ou prosperidade e, em vez disso, destacar a humildade, a bondade e a compaixão como virtudes essenciais. O judaísmo ensina que os judeus devem exemplificar a integridade e o respeito por todos, agindo como defensores da paz e da justiça.

Na tradição judaica, o cumprimento desse propósito é uma tarefa contínua, e cada geração é vista como um elo em uma corrente que remonta aos patriarcas e matriarcas de Israel. Esse conceito de continuidade é o que sustenta o compromisso dos judeus com o estudo e a preservação da Torá, passando os ensinamentos de uma geração para outra. O estudo, portanto, não é apenas uma prática intelectual, mas uma forma de honrar o legado dos ancestrais e de fortalecer o vínculo espiritual com Deus. Quando os judeus estudam e aplicam as lições da Torá, eles reafirmam seu papel no plano divino, garantindo que a herança espiritual permaneça viva e vibrante.

O judaísmo também acredita que o propósito divino inclui a construção de um mundo melhor, um conceito conhecido como "Tikun Olam", ou "reparação do mundo". Para os judeus, cada ato de bondade, cada escolha ética e cada expressão de compaixão contribui para essa reparação, trazendo um pouco mais de luz e paz ao mundo. Isso implica que o propósito divino não é passivo, mas exige ação e compromisso ativo. Ao realizar obras de justiça e bondade, o judeu sente que está ajudando a cumprir a visão que Deus tem para o mundo. O Tikun Olam é, assim, uma extensão do propósito divino, uma maneira de integrar a missão judaica ao bem-estar global.

Ao longo da vida, o judeu é constantemente lembrado de que sua existência está inserida em um contexto maior, de que ele faz parte de uma narrativa sagrada que transcende o tempo e as fronteiras geográficas. Essa perspectiva holística permite que ele veja a vida não como uma série de eventos desconectados, mas como uma jornada com significado e intenção, guiada pela vontade de Deus. O propósito divino, portanto, confere ao judeu um senso de missão que transcende os limites da individualidade e o conecta a algo muito maior: o próprio plano de Deus para a humanidade.

Para o judeu, a conclusão desse propósito divino é algo que ele talvez nunca veja em vida, mas que ele acredita ser alcançado através da coletividade e do compromisso contínuo com os valores da Torá. É essa visão de eternidade e de continuidade que proporciona ao povo judeu a força para enfrentar adversidades e a esperança de um futuro onde a paz, a justiça e a verdade prevaleçam. O propósito divino não é apenas uma responsabilidade, mas uma fonte de inspiração e de esperança, uma promessa de que, ao cumprir a vontade de Deus, a vida de cada judeu, bem como a trajetória de todo o povo, terá um impacto profundo e duradouro no mundo.

Em última análise, o propósito divino no judaísmo é um chamado para servir ao mundo com integridade, para viver uma vida de significado e para ser uma fonte de luz e inspiração para todos. É uma missão que envolve o indivíduo, a comunidade e toda a humanidade em uma jornada compartilhada rumo à realização do ideal divino. Através da prática fiel dos mandamentos e do comprometimento com a justiça, o povo judeu busca cumprir seu papel como parceiro de Deus na construção de um mundo mais elevado e mais próximo da visão sagrada. Essa é a essência do propósito divino: um convite para cada judeu se conectar com o sagrado, para transformar o mundano em divino e para viver uma vida repleta de significado e devoção.

Capítulo 48
Jornada do Judaísmo

A jornada do judaísmo é marcada por uma trajetória única e transformadora, que começa nos relatos antigos da Torá e se estende através dos séculos até os dias de hoje. É uma história de sobrevivência, de fé inabalável e de compromisso com os valores que definem a identidade de um povo. Esta narrativa ininterrupta entrelaça as vidas de milhões de pessoas em todo o mundo, conectando cada geração a um propósito divino e a uma herança espiritual profunda. Essa jornada é mais do que uma sequência de eventos históricos; ela representa uma busca constante pelo entendimento do sagrado, pela elevação da alma e pelo cumprimento de uma missão que transcende o tempo.

Ao longo dos séculos, o povo judeu enfrentou inúmeros desafios, e cada período de adversidade apenas reforçou sua resiliência. Desde os primeiros tempos, quando os hebreus se estabeleceram como um povo distinto, passando pela escravidão no Egito, os exílios, as dispersões e as perseguições em várias partes do mundo, os judeus sempre encontraram formas de preservar sua fé e manter viva a chama da sua tradição. Essa resistência espiritual e cultural se reflete em práticas cotidianas que ajudam a sustentar uma identidade coletiva, mesmo em contextos desfavoráveis. Em qualquer parte do mundo onde houvesse uma comunidade judaica, a Torá, as festas religiosas e o estudo desempenharam um papel vital em preservar essa conexão.

A jornada do judaísmo começa formalmente com a aliança entre Deus e Abraão, que marca o nascimento do povo escolhido para levar uma mensagem divina à humanidade. Essa aliança não era apenas um pacto de bênçãos, mas também uma promessa de fidelidade a um caminho de vida repleto de valores e obrigações sagradas. Esse compromisso inicial, renovado diversas vezes através de figuras centrais como Moisés, reafirma o chamado de ser "uma luz para as nações". É uma responsabilidade que foi herdada e transmitida através de gerações, tornando o povo judeu uma testemunha da presença de Deus no mundo.

Com o tempo, o judaísmo se consolidou como uma religião e uma cultura ricas e complexas, marcadas por uma estrutura ética que orienta cada aspecto da vida cotidiana. A Torá, considerada a revelação de Deus, oferece instruções detalhadas sobre como o judeu deve se comportar, tratando desde questões pessoais até as relações sociais e as responsabilidades comunitárias. Esse código ético, fundamentado na justiça e na compaixão, é visto não apenas como um conjunto de leis, mas como um guia para viver uma vida plena e em harmonia com o divino.

O impacto do exílio foi uma prova de fogo para a sobrevivência da identidade judaica. Expulsos de suas terras e dispersos em diferentes nações, os judeus enfrentaram a constante ameaça de perder sua herança e serem assimilados por outras culturas. No entanto, a diáspora também teve um papel paradoxalmente unificador, pois transformou o judaísmo em uma religião portátil, que podia ser praticada em qualquer lugar. Mesmo sem o Templo Sagrado em Jerusalém, que fora o centro espiritual e cultural do judaísmo antigo, o povo judeu adaptou suas práticas para que a fé pudesse sobreviver e prosperar. A sinagoga e o estudo da Torá tornaram-se os novos centros de devoção e aprendizado, mantendo a conexão com Deus e uns com os outros.

A diáspora também contribuiu para o desenvolvimento de tradições judaicas diversas e enriquecedoras, que variavam conforme as regiões onde os judeus se estabeleciam. Comunidades se formaram em terras como Babilônia, Pérsia, Espanha, Norte da África e Europa Central e Oriental, cada uma incorporando elementos culturais locais, mas preservando os fundamentos da fé judaica. Essas comunidades criaram uma tapeçaria rica de rituais, músicas, idiomas, como o ídiche e o ladino, e costumes próprios que refletem a flexibilidade e a diversidade dentro do judaísmo. Ao mesmo tempo, a essência da fé, a prática dos mandamentos e o estudo contínuo da Torá garantiram que essas variações culturais permanecessem unidas por um propósito comum.

Com o surgimento do antissemitismo em várias épocas da história, as comunidades judaicas enfrentaram perseguições intensas, sendo muitas vezes forçadas a se esconder ou a migrar. Nos tempos medievais, em particular, as expulsões, os guetos e os pogroms foram tentativas de eliminar ou subjugar a identidade judaica. No entanto, mesmo diante de tal sofrimento, o judaísmo encontrou força na solidariedade comunitária e na prática da Tzedakah, a caridade. A ajuda mútua, as redes de apoio e o senso de pertencimento mantiveram a coesão e a dignidade do povo, reforçando a importância da comunidade como um refúgio espiritual e emocional.

A era moderna trouxe novos desafios e oportunidades para o judaísmo, especialmente com o movimento de emancipação dos judeus na Europa. Pela primeira vez, em séculos, os judeus puderam sair dos guetos e participar da vida civil, social e econômica das nações onde viviam. Esse período de maior liberdade também levou a uma transformação interna, com o surgimento de diferentes correntes de pensamento dentro do judaísmo, como o movimento reformista, o conservador e o ortodoxo. Esses movimentos refletem o esforço dos judeus em conciliar a tradição com a modernidade, adaptando práticas religiosas às novas realidades e perguntas éticas e filosóficas que emergiram com o avanço da ciência e da filosofia secular.

O século XX foi um dos mais sombrios e também transformadores na história judaica. O Holocausto, a tentativa de genocídio sistemático perpetrada pelos nazistas durante a Segunda Guerra Mundial, resultou na perda devastadora de milhões de vidas judaicas e em uma ferida profunda que ainda ecoa nas gerações seguintes. No entanto, mesmo diante de uma tragédia de tal magnitude, a fé e a resiliência do povo judeu brilharam de forma extraordinária. Muitos sobreviventes do Holocausto reconstruíram suas vidas em outros países e contribuíram significativamente para suas novas comunidades, mantendo vivas as práticas e a cultura judaicas.

A criação do Estado de Israel em 1948 marcou um novo capítulo na jornada do judaísmo. Para muitos judeus, Israel representa a concretização de um sonho milenar, uma promessa bíblica que finalmente se cumpriu. Israel se tornou um centro espiritual e cultural para judeus de todas as partes do mundo, oferecendo um lugar onde a fé judaica pode ser vivida plenamente em seu contexto histórico e geográfico original. No entanto, o retorno à terra ancestral trouxe desafios próprios, incluindo conflitos regionais e questões internas sobre a identidade e o futuro do país. Israel continua a ser uma peça central no imaginário judaico e um símbolo de esperança e perseverança.

No cenário contemporâneo, o judaísmo se mantém como uma religião e uma cultura vibrante, que abraça a diversidade de suas expressões e continua a explorar novas formas de viver a fé. Em meio a um mundo cada vez mais globalizado e pluralista, o povo judeu ainda encontra formas de celebrar sua herança e contribuir para a sociedade, seja através do estudo, da prática religiosa ou do engajamento em questões sociais e éticas. As lições acumuladas ao longo de sua jornada histórica — as lições de resistência, de comunidade e de compromisso com a justiça — continuam a orientar o povo judeu em sua busca por um mundo mais compassivo e justo.

A jornada do judaísmo, desde as promessas feitas a Abraão até o dinamismo do judaísmo contemporâneo, é um testemunho do poder da fé, da resiliência e da capacidade de adaptação de um povo. Ao longo de milênios, o judaísmo resistiu, evoluiu e floresceu, mantendo sempre a mesma essência: a busca por uma vida plena em sintonia com o divino e em harmonia com o próximo. Essa jornada inspira não apenas os judeus, mas todos aqueles que buscam um sentido profundo em suas vidas, revelando que o verdadeiro propósito espiritual não é estático, mas uma busca incessante e sagrada pela verdade, pela bondade e pela paz.

Ao longo dessa profunda e extensa exploração dos temas que compõem a fé e a cultura judaicas, o leitor é convidado a refletir sobre o significado da jornada espiritual do povo judeu e sobre a conexão singular que o une a Deus. A trajetória do judaísmo é, antes de tudo, uma narrativa rica e envolvente de compromisso, persistência e transcendência que se estende por milênios e que continua a ressoar na vida de milhões de judeus e interessados ao redor do mundo.

No âmago dessa jornada está a fé, um elemento vital que transcende tempos, lugares e circunstâncias. A fé judaica é uma força que mantém e inspira o povo judeu, mesmo nos momentos mais obscuros. Não se trata apenas de uma crença passiva, mas de uma prática ativa que envolve o estudo constante, a oração e o cumprimento dos mandamentos como caminhos para alcançar uma vida de santidade e proximidade com Deus. Assim, a fé torna-se uma ponte que conecta o mundo visível com o invisível, o cotidiano com o sagrado, trazendo o divino para cada aspecto da vida.

Os capítulos que compõem este livro não são apenas uma exposição de práticas religiosas e costumes culturais, mas sim uma revelação de uma filosofia de vida que transcende as páginas da história. O judaísmo ensina que a verdadeira espiritualidade está na ação concreta, no modo como tratamos o próximo e na busca constante por justiça e equidade. A Torá e os ensinamentos judaicos oferecem um caminho para a construção de um mundo mais compassivo e ético, onde cada indivíduo assume a responsabilidade não apenas pelo próprio crescimento espiritual, mas pelo bem-estar da comunidade e da humanidade como um todo.

Ao percorrermos cada capítulo, exploramos temas como a importância da Torá, o significado das festividades, os valores da generosidade, do altruísmo e do trabalho justo, e a importância da educação. Esses valores não são apenas ideais, mas guias práticos que moldam a vida cotidiana e incentivam cada judeu a se tornar uma melhor versão de si mesmo. O judaísmo vê a vida como uma oportunidade contínua de crescimento e aperfeiçoamento, e as leis e práticas judaicas são vistas como ferramentas para fortalecer a disciplina, o caráter e a relação com Deus.

Outro ponto central explorado é a ideia de comunidade. A tradição judaica valoriza a união e a solidariedade entre os membros da comunidade. Essa unidade não se limita a um simples convívio, mas constitui um verdadeiro suporte espiritual e emocional que fortalece a fé de cada indivíduo. Desde os tempos antigos, a vida em comunidade foi essencial para a preservação da identidade judaica. As sinagogas, as escolas judaicas e as organizações comunitárias continuam a ser espaços de encontro e aprendizado, onde cada membro pode compartilhar suas experiências, fortalecer sua fé e contribuir para o crescimento coletivo. Essa comunhão gera uma coesão poderosa, que não apenas protege a identidade do povo judeu, mas também mantém viva a chama de uma espiritualidade que ultrapassa os séculos.

Ao longo da história, os desafios enfrentados pelo povo judeu serviram como oportunidades de aprendizado e fortalecimento. A resiliência demonstrada frente às adversidades não só inspirou gerações, mas também moldou uma espiritualidade singular, que ensina que as provações da vida são oportunidades de crescimento e de conexão mais profunda com o divino. Em momentos de perseguição, exílio e tragédias, a fé judaica nunca se apagou; pelo contrário, cada desafio reforçou o compromisso com a Torá e com os princípios que sustentam a essência do judaísmo. Esse compromisso de manter a fé, mesmo diante das maiores dificuldades, é um exemplo de coragem espiritual que ecoa em cada prática e em cada celebração judaica.

O conceito de "povo escolhido" traz consigo uma responsabilidade especial. O judaísmo ensina que ser escolhido por Deus não implica superioridade, mas sim uma missão de servir de exemplo e de inspirar outros a buscarem uma vida de retidão. Esse ideal é representado pela frase "luz para as nações", que reflete o chamado dos judeus para promover os valores de justiça, compaixão e sabedoria. Assim, a herança espiritual do judaísmo não é apenas uma bênção para o próprio povo judeu, mas uma contribuição para toda a humanidade.

No judaísmo, o conceito de prosperidade abrange uma visão mais ampla do que a mera acumulação de riquezas materiais. A verdadeira prosperidade é alcançada quando a vida é vivida com propósito e em harmonia com os valores espirituais. A prática da Tzedakah, a caridade, e do altruísmo, o serviço ao próximo, refletem essa visão, pois ensinam que a verdadeira riqueza está na capacidade de ajudar os outros e de contribuir para a construção de uma sociedade justa e solidária. Dessa forma, o judaísmo oferece uma perspectiva que combina o bem-estar material com a responsabilidade social, lembrando que a generosidade é uma fonte de bênçãos e de realização pessoal.

Ao se aprofundar no valor da educação, o judaísmo demonstra que o aprendizado é uma busca essencial para o crescimento espiritual e intelectual. A tradição judaica valoriza o conhecimento como uma forma de se aproximar de Deus e de compreender a complexidade da criação. O estudo contínuo da Torá e dos textos sagrados é visto como uma prática sagrada, pois ajuda cada judeu a se conectar com a sabedoria divina e a aplicar esses ensinamentos na vida cotidiana. Assim, o compromisso com o aprendizado vai além do conhecimento acadêmico; é uma forma de buscar o aperfeiçoamento pessoal e de se tornar uma influência positiva para a comunidade e para o mundo.

Ao concluirmos esta jornada pelos fundamentos do judaísmo, é impossível não sentir uma profunda admiração pela riqueza e profundidade dessa tradição milenar. Cada capítulo deste livro foi pensado para conduzir o leitor a uma compreensão mais ampla e mais completa dos valores que moldam a vida judaica e que fazem do judaísmo uma fonte inesgotável de sabedoria e inspiração. Os temas abordados revelam uma espiritualidade que valoriza tanto o transcendente quanto o concreto, que busca não apenas a conexão com Deus, mas também a transformação do mundo através de ações justas e compassivas.

O judaísmo nos ensina que a espiritualidade verdadeira é uma jornada constante, uma busca incessante por compreensão e aperfeiçoamento. Os mandamentos e as práticas judaicas não são apenas regras a serem seguidas, mas expressões de uma relação profunda e pessoal com o divino. Cada oração, cada celebração e cada ato de bondade são passos nessa jornada, e cada judeu é chamado a trilhar esse caminho com fé, dedicação e amor. Assim, o judaísmo não é apenas uma religião, mas um modo de vida que convida o indivíduo a buscar o melhor de si e a contribuir para o bem comum.

Para os leitores que não são judeus, os ensinamentos do judaísmo podem servir como uma inspiração para refletir sobre questões universais como o sentido da vida, a importância da ética e o valor da espiritualidade. A jornada do judaísmo é, em muitos aspectos, uma jornada humana, que nos lembra da importância de manter a esperança, de buscar a verdade e de viver em harmonia com os outros. Ao explorar os valores e as práticas judaicas, somos convidados a reconsiderar nossas próprias crenças e a buscar uma vida mais consciente e significativa.

Para os leitores judeus, este livro é um lembrete da riqueza de sua herança e um convite para aprofundar sua conexão com as tradições e ensinamentos que fazem parte de sua identidade. O judaísmo é um tesouro que se revela de forma ainda mais profunda e significativa quando é explorado com dedicação e amor. Ao concluir a leitura, que cada leitor sinta-se inspirado a continuar sua própria jornada espiritual, guiado pelos princípios que têm sustentado o povo judeu através dos séculos.

Assim, este livro se encerra com um convite para que todos os leitores, judeus e não judeus, reflitam sobre os mistérios e as verdades reveladas ao longo dessas páginas. Que a sabedoria do judaísmo possa iluminar o caminho de cada um, trazendo paz, propósito e uma conexão mais profunda com o divino. Que a jornada do judaísmo inspire cada um de nós a buscar uma vida de significado, de prosperidade verdadeira e de comunhão com aquilo que é eterno e sagrado.

Epílogo

Ao fechar estas páginas, você não está apenas encerrando uma leitura, mas concluindo uma etapa de um caminho que talvez tenha começado antes mesmo de perceber. Este livro, como um companheiro silencioso, trouxe até você ecos de um pacto antigo e de uma missão que ressoa nos corações daqueles que se permitem escutar. Agora, cabe a você decidir como levar adiante o que foi compartilhado aqui.

As histórias, reflexões e ensinamentos presentes neste texto são muito mais do que narrativas ou ideias; elas são lembretes de que a vida, em sua essência, é um diálogo constante entre o humano e o divino. A aliança que tantas vezes foi mencionada não é um relicário do passado, mas um chamado que ecoa no presente. Um convite para que você, em sua singularidade, assuma seu papel na grande tapeçaria da existência.

Ao longo destas páginas, revisitamos a coragem de Abraão, a sabedoria de Moisés, a força resiliente de um povo que enfrentou o exílio, a perseguição e a adversidade sem jamais abandonar sua essência. Essas histórias não são apenas sobre eles; são também sobre você. A mesma força que sustentou o povo judeu ao longo dos séculos está disponível para aqueles que buscam viver com propósito, independentemente de sua origem ou crença.

A Torá, apresentada aqui como um guia para a vida, não é apenas um conjunto de regras. Ela é um lembrete de que cada escolha que fazemos tem o potencial de santificar o cotidiano. Cada ação, por menor que pareça, pode se tornar um reflexo da vontade divina. Você foi convidado a refletir sobre o que significa viver com justiça, compaixão e responsabilidade — não como ideais abstratos, mas como práticas que transformam a vida.

Agora, o que resta é sua jornada. A leitura deste livro não é um fim, mas um ponto de partida. O conhecimento que você absorveu é como uma semente, pronta para crescer e florescer à medida que você o coloca em prática. Talvez você se pergunte: "E agora? O que faço com tudo isso?" A resposta está na sua próxima escolha, no próximo passo que decidir dar.

O judaísmo ensina que a aliança com o divino não é um privilégio exclusivo, mas uma responsabilidade compartilhada. Ser "escolhido" não significa ser superior; significa aceitar o chamado para viver de forma íntegra e ser uma luz em um mundo que frequentemente se encontra na escuridão. Isso não exige perfeição, mas um coração disposto a aprender, crescer e agir. Este chamado não é restrito a um povo; ele é um convite universal para aqueles que desejam viver com propósito e intenção.

Ao encerrar este livro, lembre-se de que a história não termina aqui. Assim como o povo judeu carrega uma tradição viva, você também carrega a responsabilidade de transformar o conhecimento em ação. Permita que as palavras aqui compartilhadas inspirem suas decisões e guiem suas interações. Que você veja cada novo dia como uma oportunidade de renovar sua própria aliança com aquilo que é sagrado para você.

E se, em algum momento, a jornada parecer desafiadora, lembre-se das palavras de esperança que permeiam estas páginas. A fé não é ausência de dúvida, mas a coragem de continuar mesmo quando o caminho não está claro. A força que sustentou gerações é a mesma força que pode lhe sustentar agora.

O que você faz a partir daqui é o que realmente importa. Este livro pode ter oferecido ferramentas, inspirações e perspectivas, mas é sua escolha que determinará como usá-las. Seja no silêncio de uma oração, no estudo contemplativo ou em um ato de bondade inesperado, você tem o poder de fazer da sua vida uma expressão daquilo que é eterno.

Fechar este livro é apenas o começo. As páginas físicas podem se fechar, mas o que foi despertado em você permanece. Que você leve adiante o que encontrou aqui, permitindo que suas ações reflitam as verdades que ressoaram em sua alma. O pacto continua, e você faz parte dele.

    Que sua jornada seja iluminada pela busca incessante por justiça, verdade e conexão. Que você encontre significado nas pequenas coisas e coragem para enfrentar os grandes desafios. E que, ao trilhar seu caminho, você se torne uma luz para os outros, assim como esta leitura buscou ser para você.

www.ingramcontent.com/pod-product-compliance
Lightning Source LLC
LaVergne TN
LVHW040052080526
838202LV00045B/3598